KB251986

어떻게 섬길까

동아시아 사람들의 에티켓

어떻게 섬길까

동아시아 사람들의 에티켓

성규탁 지음

이담 Books

Treating Seniors and Others with Respect

East Asians' Etiquette

Kyu-taik Sung

Reviewed by Albert Sung

Korean Studies Information Company, Ltd.

Republic of Korea

우리는 옛적부터 노소가 서로 사랑하고 보살피는 생활관습을 간직해 온 민족이다. 어른은 어린 사람을 인자하게 보살피고 젊은 사람은 어른을 돌보아 드리는 서로 섬기는 예절을 지켜 왔다.

그러나 그동안 시대적 배경이 빠르게 변화되어 왔고 전반적인 생활방식이 변화되면서 우리의 전통적인 섬김 방식이 점차 수정되고 있고 때로는 서로를 적절히 섬기지 못하는 경우도 생기는 것으로 보인다.

우리는 이제 새 시대에 적합한 서로 섬김의 방식을 정리·학습·실행할 필요가 있다. 이를 감안하여 저자가 한국·중국·일본에서 조사해 본 결과 크게 13가지의 다양한 방식들이 식별되었으며, 서로 좀 다른 점도 있으나 대부분의 방식이 공통적으로 사용되고 있었다. 따라서 이 방식들을 종합적으로 잘 이해하고 우리의 생활 속에서 실행해 나아가야 함을 알

수 있게 되었다.

이제 우리는 가족에서부터 이웃까지, 더 나아가 사회의 모든 사람들을 위한 넓은 범위까지 서로 섬김의 에티켓이 다져지기를 바라며 이를 위해 이 책에서 제시한 섬김의 방식들이 활용되어지기를 바란다.

성 규 탁

2012년 봄 자광재단효문화연구소 대표

| 목 차 |

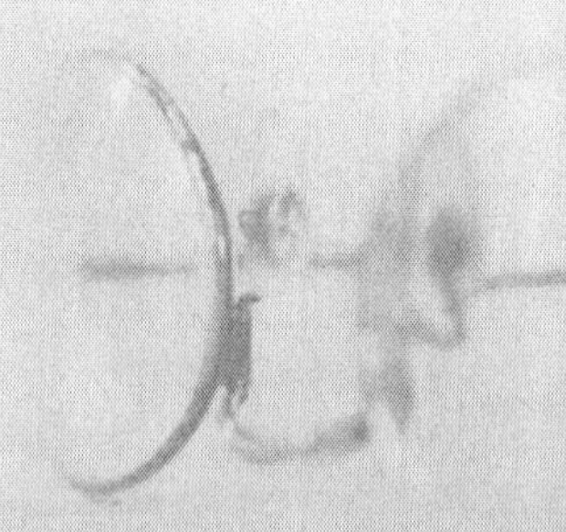

제1장

문화와 에티켓

:: 사람관계의 질서

우리가 일상생활에서 사람답게 올바르게 사는 데 있어 지켜야 하는 규칙 또는 질서를 예절(禮節)이라고 한다. 예절은 에티켓(etiquette)과 비슷한 뜻을 가진다.

에티켓은 문화와 밀접하게 연계되어 있다. 문화는 사람들이 함께 가지는 믿음, 주의, 가치 및 행동약식이라고 약술할 수 있다.

믿음과 주의를 행동으로 옮기는 데 영향을 주는 것이 가치(價値, values)이다. 가치란 사람들이 어떤 물질적인 것이나 비물질적인 것을 '중요하다', '값진 것이다'라고 보는 생각과 태도를 말한다. 이러한 가치는 에티켓을 이룩하고, 조정하며,

지키는 데 직접적인 영향을 끼친다.

동아시아(한국, 중국, 일본을 포함한 지역) 문화에서는 전통적으로 사람과 사람의 관계에서 예절을 지키는 데 가치를 두어 왔다.

일찍이 공자(孔子)는 예(禮)를 인간생활의 기본으로 삼고 다음과 같이 말했다.

> "예가 아니면 보지 말고, 예가 아니면 듣지 말고, 예가 아니면 말하지도 말고, 예가 아니면 움직이지 말라."(顔淵 1, 子曰 非禮勿視 非禮勿聽 非禮勿言 非禮勿動)

동아시아 사람들의 예절을 지키는 데 대한 깊은 믿음과 주의를 상징하는 말이다.

한국인은 예절을 지키는 데 다른 민족보다도 더 많은 에너지를 써 왔고 예의 나라 사람으로서 커다란 자부심을 가져 왔다.

우리는 역사적으로 사람에 대한 사랑(인간애)을 가치로 삼아 온 민족이다. 단군신화에서 시작하여 근세 동학에 이르기까지 줄곧 사람을 사랑하고 섬기는 데 사상의 중심을 두어 왔다. 유교는 이러한 전통과 융합하여 이 사상을 실생활에 적용하는 데 영향을 끼쳤다.

사람을 섬기는 문화적 가치는 새 시대의 에티켓을 조성하고 지키는 데 커다란 뒷받침이 될 수 있다. 이 가치는 특히 국제사회에서 자랑할 수 있는 우리의 문화적 자산인 것이다.

:: 서로 섬김

예(禮)를 행하는 데 있어 가장 중요한 것이 사람과 사람이 서로 존중하며 섬기는 것이다. 현대 에티켓의 기본원리도 '나'와 '너'가 서로 섬기는 가치를 바탕으로 한다.

사람을 섬긴다는 것은 그 사람에게 관심을 가지고 그를 중히 여기며 그를 돌보는 것이다.

에티켓은 이러한 가치를 바탕으로 이루어진 규칙이고 약속이다.

공자는 다음과 같이 예와 존경에 대해 말했다.

> "존경으로써 사람을 대한다면 예를 행하는 데 무슨 어려움이 있겠는가?"(논어 4, 13)

이 말은 사람과 사람의 상호 관계에서 서로를 존중히는 것이 곧 예가 됨을 지적한 것이다.

공자는 마음속에서 우러나는 존경심으로 대접하는 것이 중요함을 다음과 같이 말했다.

"부모에게 먹을 것만 주면 된다고 본다. 하지만 개와 말에게도 먹을 것을 주지 않는가. 부모를 존경심으로 대접하지 않는다면 사람과 짐승 사이에 무슨 차이가 있는가."(논어 2, 7)

존경을 분석해 보면 그 안에 여러 가지 부분이 들어 있다. 그중에 돌봄(보살핌: care/service)이 있다. 돌봄이 존경의 중요한 부분이라는 점에 대해서는 연구가들의 의견이 일치하고 있다(Downie & Telfer, 1969; Dillon, 1992; Sung, 2007; 성규탁, 2010, 2011).

한편 '섬기다'는 우리말사전에 "*공경하며 받들어 모시다*"로 기술되어 있다. 이 글은 두 가지 뜻을 담고 있다. 하나는 '존경하다'이고 다른 하나는 '받들어 모시다' '(정중히 돌보다)'이다. 즉 섬김은 '존경'과 '돌봄'의 두 가지 뜻을 담고 있는 것이다.

그렇다면 존경은 존중함과 돌봄을 내포하고 섬김도 존중함과 돌봄을 내포하고 있다. 둘 다 존경과 돌봄의 뜻을 함께 담고 있다고 볼 수 있다.

이 책에서는 존경과 섬김은 사람을 존중하며 돌본다는 뜻을 담고 있는 점에서 비슷하다고 본다.

에티켓은 사람과 사람이 서로 존중하며 섬기는 관계 속에서 이루어진다.

사람들의 관계는 일방적인 것이 아닌 서로 섬김을 주고받는 호혜적(互惠的: 혜택을 서로 주고받는)인 것이 바람직하다 [이 책에서는 '호혜적'을 '호수적(互授的)'과 같은 말로 본다].

한 사람에게로만 가는 일방적인 섬김은 불안정하고 오래 가기가 힘들다. 도움을 주고받는 관계는 안정되고 오래갈 수 있다. 이런 관계는 사람들의 관계를 끈끈하게 하고 안정시키는 접착제(풀) 역할을 한다.

새 시대에는 젊은 사람, 여성, 아랫사람에게도 고령자, 남성, 윗사람에게 하는 섬김을 똑같이 실행해야 하겠다.

일찍이 맹자는 어른과 젊은 사람을 다 같이 섬겨야 하는데 대해서 다음과 같이 말했다(孟子, 萬章篇 句下 3).

> "아랫사람이 윗사람을 공경하는 것은 귀귀(貴貴)이고 윗
> 사람이 아랫사람을 공경하는 것은 존현(尊賢)이다."

맹자는 이와 같이 두 가지 섬김이 다 같이 귀하고 중요하다고 규정했다(萬章篇 句下 3).

이 말은 사회적 지위나 연령에 상관없이 다 같이 섬김을 주고받아야 함을 가르치는 것이다. 노소간의 공평한 섬김관계가 마땅함을 지적한 명언(名言)이다.

시대의 변화에 따라 위계적인 사회체계는 보다 평등하고 서로의 권위를 존중하는 방향으로 변하고, 아랫사람이 윗사람을 일방적으로 섬기는 관습은 서로 섬기는 편으로 수정되

고 있다. 즉 권위를 중요시하는 주의는 평등을 중요시하는 가치로 바뀌고 있다. 사람들의 문화적 가치가 변하고 있는 것이다. 이에 따라 에티켓을 지키는 방식도 수정되고 있다.

이 책에서는 에티켓을 세대와 계층(젊은 세대와 고령 세대, 아랫사람과 윗사람) 및 성별(남자와 여자)의 구별이 없이 서로 섬기는 호혜적 원칙을 바탕으로 논의한다.

다만 섬김을 논의하는 데 있어 부모, 어른 및 고령자를 섬기는 전통적 관행을 자주 인용하게 된다.

'서로 섬김'은 다음 장에서 소개하는 여러 가지 섬김방식들로 실행될 수 있다. 각각의 섬김방식에 따라 에티켓이 지켜지는 실상을 살펴보는 것이 이 책의 주요 목적이다.

:: 한국인의 성향

우리가 지키는 에티켓은 우리의 국민적 성향을 반영하고 있다.

한국인의 성향을 흔히 아래와 같은 것으로 설명하고 있다(송성자, 1997; 엄예선, 1994; 손인주, 1992; 이부영, 1983; 최재석, 1983; 차재호, 1983; 김태환, 1982; 이정덕, 1981; 이광규, 1981; 윤성범, 1977; 윤태림, 1977).

한국인은 다른 사람과의 조화로운 관계를 중요시한다. 다른 사람과 반대되는 의견을 솔직히 표현하기를 꺼려한다. 서로의 체면을 손상하지 않으려고 한다. 겸손하고 사양하는 성향을 가진다. 자신의 느낌 또는 감정을 억제한다. 가족문제에 대해서 다른 사람에게 말하지 않는다. 부모와 어른을 섬긴다. 어려운 문제에 대해서 솔직하게 의견을 표시하지 않고 비언어적이고 간접적인 표현을 한다. 집단과 자신을 분리하지 못하며, 집단에 소속됨으로써 안정감을 갖는다. 강한 우리 의식을 가진다.

다음은 위의 한국인의 성향을 간추려 본 것이다.
- 사람들과의 관계를 중요시한다.
- 가족 중심적이다.
- 화합과 조화를 중요시한다.
- 체면의식이 강하다.
- 겸손을 중요시한다.
- 감정을 억제한다.
- 갈등을 회피한다.
- 간접적인 자기표현을 한다.
- 효를 중요시하고 어른을 섬긴다.
- 집단 지향적이다.

- 집단소속감을 가진다.
- 권위와 계층의식이 강하다.
- 강한 우리 의식을 가진다.

위와 같은 전통적 가치는 근년에 서양의 개인주의, 자유주의, 평등주의 사상이 드러남에 따라 약화되는 경향이지만, 아직도 이 가치는 일상적으로 한국인의 태도와 행동에 커다란 영향을 미치고 있다.

한국인 자신은 물론 외국인은 이런 문화적 가치를 이해해야만 한국사회의 에티켓을 수렴하고 지키는 데 어려움이 없을 것이다.

:: 에티켓의 전통

에티켓은 전통적인 가치와 현대적인 생활스타일을 결합해서 이루어진다.

대개 한 사회의 중산층 이상 사회에서 통용되는 예절이 그 사회의 일반적인 에티켓으로 통용되고 있다. 예로 영국의 신사도(gentlemanship)는 원래 영국 중산층에서 통용되던 예절인데 이것이 영국사회 전체를 위한 하나의 도덕적 지침이 되었다.

이 '신사도'도 역시 사회관계에서 서로 섬기는 데 대한 약속과 규칙으로 이루어진 것이다.

Business Etiquette도 문서화된 또는 비문서화된 사교행동의 규칙이고 약속이다. 이 규칙을 지킴으로써 사업 추진을 위한 교환관계를 더 순조롭게 하려는 뜻이 담겨있다. 이것도 역시 일반 사회에서 통용되는 에티켓을 따르고 있으며 너와 나를 서로 섬기는 호혜적 관계를 바탕으로 이루어지고 있다.

에티켓은 사상가들과 지식인들이 오랜 세월에 걸쳐 다루어 나온 주제이다.

한 사회의 문명 정도와 그 사회에서 이루어지는 도덕적 관행을 알려면 그 사회 사람들이 지키는 에티켓을 보면 된다고 한다.

동양에서는 공자가 2500여 년 전에 어른을 섬기고, 말을 조심하고, 외모를 갖추고, 생일을 축하하고, 겸손하게 행동하는 데 대해서 가르친 바가 유교경전에 기술되어 있다. 한국의 역대 왕조는 이 경전에 교시되어 있는 예(禮)를 바탕으로 나라를 다스렸다.

서양에서는 기원전 이집트 왕조 때와 그리스와 로마 시대에 예의 바른 행동에 대한 규정이 마련되어 있었다. 16세기에 와서는 영국의 신사도를 이루는 행동방식이 규정되었고 이 방식이 서양사회에 커다란 영향을 끼쳤다.

에티켓은 문화와 나라에 따라 달라질 수 있다. 한 사회에서 옳다고 보는 예의도 다른 사회에 가면 그렇지 못한 경우가 있다. 하지만 모든 문화권에 공통적으로 통용되는 사례가 대부분이다.

에티켓에는 사람이 자기 자신을 스스로 다스리는 측면, 사회단체나 조직의 일원으로서 지키는 측면, 나아가 국제적으로 나라와 문화권을 대표해서 지키는 측면이 있다.

어느 나라나 문화에서든 개인의 몸가짐, 옷차림, 말솜씨, 테이블 매너 등을 올바르게 갖추는 데 대한 규칙이 있다. 이런 개인적인 갖춤은 곧 사회적 및 국제적인 에티켓을 지키는 기본이 되는 것이다.

국제화하는 새 시대의 에티켓은 국내와 국외를 포괄하는 폭이 넓은 관점에서 다루어져야 하겠다.

:: 한국적 전통과 서로 섬김

한국인은 역사적으로 인간존중과 인간애를 지향하는 섬김 문화 속에서 살아왔다.

앞서 지적한 바와 같이 단군신화의 홍익인간이념에서 발

원하여 신라, 고려, 조선 시대를 거쳐 근대 동학의 인내천사상에 이르기까지 줄곧 사람을 하늘같이 중히 여기는 인간주의문화의 줄기찬 역사적 흐름이 이어진다.

인간애(人間愛) 그 자체를 뜻하는 인(仁)은 이러한 한국의 고유한 역사적 흐름과 융합되었다.

사람을 사랑하는 태도와 행동은 남을 섬기는 우리의 성향과 생활방식을 길렀다.

향약(鄕約)은 우리 민족의 사람 섬김의 역사적 배경을 잘 나타낸다.

향약의 4대 규약들은 여러 마을들로 이루어진 공동체 안에서 사람들이 질서를 지키면서 서로 존중하고 서로 부조하는 호혜적 섬김을 실행하는 데 관한 지침이고 약속이다.

향약의 규약들 중 특히 예속상교(禮俗相交)는 예의(禮儀)와 좋은 습속(習俗)을 지키는 데 관한 것이다. 인간적이며 도덕적으로 서로 섬기는 사회를 이룩하기 위한 적극적이고 실제적인 활동을 정해 놓은 규약이자 약속이다. 우리 조상들이 개발한 범사회적 에티켓의 좋은 예이다.

근래에는 새마을사업이 향약과 유사한 특성을 가진 서로 섬김의 성공적인 사례로 등장한다.

이런 역사적 배경을 가진 우리는 대인관계를 올바르게 행하는 것을 매우 중요시한다. 즉 사람과 사람의 서로 섬기는 관계를 겸손하게 화합을 이루면서 원만히 이룩해 나가려고 애를 쓰는 것이다.

동아시아 전체가 산업화·도시화되고 민주화되어 사회구조가 변하고 있지만 한국인을 비롯한 동아시아 사람들은 여전히 전통문화로부터 커다란 영향을 받고 있다.

한국인의 인간주의적 사상에 커다란 영향을 끼친 가치는 인(仁: 넓은 사랑, 인간애)이다.

사람을 사랑하는 마음을 품고 이를 행동으로 실천하는 것이 행인(行仁)이다. 사람에게 애정으로 대하고, 너그럽고, 겸손하며 그를 섬김으로써 인을 실천하는 것이다.

서로 섬기는 인간관계에서는 너와 나가 안심하고 지낼 수 있으며 서로 다르면서도 원만한 관계를 가질 수 있다.

한국인은 나를 둘러싸고 있는 사람들의 기분(氣分)(다른 사람들이 어떻게 생각하는가)을 항상 염두에 두고 내가 하는 일에 대한 이들의 '기분'을 중요시한다.

나를 애워 싼 가족과 사회집단에는 위와 아래, 어른과 연소자, 선배와 후배의 계층이 있다. 우리는 아직도 이런 위계적인 사회체계 속에서 살고 있어 윗사람과 아랫사람을 구별해서 섬기는 데 신경을 쓴다.

우리는 습관적으로 부모와 연장자에게 존댓말을 사용하고, 공손한 태도와 행동을 취하고, 언행을 조심하고, 승낙을 받고,

뜻을 존중하고, 좋은 자리를 드리고, 음식을 먼저 권하는 등 섬김을 행동으로 표현한다(성규탁, 2010: III권). 이런 행동을 하는 데는 한국인 특유의 겸손과 양보의 덕이 깃들어 있다.

공자의 수제자 맹자는 이르기를 자기 가족 안에서 존경으로 어른을 대함으로써 다른 가족의 어른에게도 같은 대접을 하게 되는 것이라고 했다(효경, 금문개종명의장).

이 말은 사람 존중은 자신의 부모에 대한 존경으로 시작하여 이웃과 넓은 사회의 어른과 성원들에 대한 존경으로 확대되어야 함을 가리킨 것이다.

우리의 전통적 이념이고 문화적 가치인 효에 관한 가르침에는 어른을 섬기는 태도와 행위는 나의 부모만이 아니라 이웃과 사회의 모든 성원들에게 미쳐야 하는 것으로 되어 있다. 섬기는 가치가 가족 바깥으로 연장, 확대된 것이다.

이와 같이 우리의 서로 섬김의 가치는 가족의 역을 넘어 이웃, 넓은 사회 나아가 국제적으로 통용되는 에티켓을 이룩하는 힘이 될 수 있다.

제2장

섬기는 방식

저자는 한국, 중국 및 일본에서 어른을 섬기는 방식을 조사하여 다양한 섬김방식들을 찾아내었다.

[저자가 세 나라에서 행한 섬김방식에 관한 일련의 조사들에서 얻은 자료는 국내외에서 발표되었다(성규탁, 2005, 2010, 2011; Sung, 2004; 2007).]

표 2-1은 한국인의 존경방식을 소개한 것인데, 중국과 일본에서 사용되는 방식들과 대동소이하다. 동아시아 나라들의 문화적 공통성을 나타내는 것이다

이 섬김방식들은 모두가 부모와 자녀, 고령자와 젊은 사람, 윗사람과 아랫사람이 서로 섬기는 데 사용할 수 있는 방식들이다.

다음은 3개 나라들에서 공통적으로 사용되고 있는 섬김방식들에 대해서 해설한 것이다.

1. '인사'로 섬김

사람을 만나 몸을 앞으로 굽혀 절을 하거나 두 손을 합장해서 묵례를 해서 섬기는 방식이다.

부모님, 친척어른, 선생님, 이웃어른, 직장의 상위자, 선배, 그 밖의 존경할 분들을 만나면 절 또는 합장을 해서 인사를 한다. 인사를 하고서는 "편안하십니까" 물어본다.

어른도 젊은 사람을 만날 때 이 방식을 사용할 수 있다. 즉 "요사이 어떻게 지내는가", "만나서 반갑네", "자네 집안이 두루 평안하신가" 등의 말을 하여 존중하는 뜻을 전할 수 있다.

2. '존댓말'로 섬김

대화를 하거나 교신을 할 때 존댓말을 해서 섬기는 방식이다.

몸의 동작 또는 제스처는 물론 사용하는 말(명사, 동사, 전치사, 후치사, 구절, 문장)에 따라 섬김의 정도가 달라진다.

어른을 부를 때 그분의 이름 다음에 그분의 칭호(회장님,

선생님, 여사님, 박사님, 과장님, 선배님, 어르신 등)를 붙여
불러야 한다.

어른이 똑같은 존댓말을 젊은 사람에게 사용할 수는 없으
나 젊은 사람을 존중하는 뜻이 담긴 표현은 할 수 있다. 예를
들어 '군', '양' 또는 '미스터', '미스'를 젊은 사람의 이름 다
음에 붙여 부른다든지, "이렇게 해주기를 바라네", "수고를
해 주어 고마워요", "여러분의 건투를 빕니다" 등 겸손한 말
을 하여 젊은 상대편에게 존중하는 뜻을 전할 수 있다.

3. '외모'로 섬김

존경하는 분을 만날 때 머리를 빗고, 용모를 가다듬고, 의
복을 단정하게 입고서 공손한 태도를 갖춤으로써 섬기는 방
식이다.

이 방식은 우리 문화에서 노소간에 지켜야 할 하나의 기본
적인 에티켓이다.

시대의 변화에도 불구하고 이 방식은 널리 사용되고 있다.
흔히들 형식적인 겉치레라고 하지만 이는 오랜 문화적 관행
이라 바꾸지를 못하는 것 같다.

어른도 젊은 사람을 대할 때 이 방식을 흔히 사용한다. 예

를 들어 어른이 젊은 사람들이 베푸는 향연이나 모임에 임할 때, 교사가 학생들 앞에서 강의를 할 때, 사장이 직원들 앞에서 훈시를 할 때 외모를 단정하게 하고 임한다.

자녀가 자라날 때 부모는 가정 밖에서 위와 같은 바른 용모를 갖추도록 꾸며 주고 타이른다. 특히 가정 밖에서 외모를 갖추는 것이 가족의 체면에 관계된다고 주의를 환기시킨다.

이렇게 자란 자녀는 성인이 되어 신체적으로 부자유한 노부모의 외모를 꾸며 드리고, 그분에게 편리하고 알맞은 의복을 골라 입혀 드리고, 색깔과 모양이 좋은 구두를 맞추어 드리고, 미용실에 모셔다 드리고, 화장을 돌보아 드린다.

세대 간의 교호적인 섬김이 이 방식을 사용하는 데도 이루어진다.

4. '선물'로 섬김

선물(쓸모 있는 물건: 돈, 옷, 일용품 등)과 혜택(비물질적 도움: 편의, 혜택, 보람 있는 활동을 할 기회 등)을 제공하여 섬기는 방식이다.

선물은 애정과 존경의 표시임은 물론 상대방을 원조하는 뜻이 담겨 있는 섬김방식이다. 사람들, 특히 고령자는 돈을 포함한 쓸모 있는 물건을 선물로 받는 것을 매우 즐거워하고 고맙게 여긴다. 애정이 담겨 있는 카드, 꽃, 전에 찍은 사진, 건강에 관한 책 등을 보내는 것도 좋은 선물이 된다.

선물도 역시 어른이 젊은이에게 주는 경우가 많다. 자녀가 공부를 잘하도록, 어떤 바람직한 일을 했기 때문에, 집안의 자랑이 될 일을 해서, 그에 대한 애정을 표시하려고, 앞으로 일을 잘하도록 격려하려고 전하는 경우가 많다.

이와 같이 선물을 통한 섬김도 세대 간의 호혜적 섬김을 촉진한다.

5. '음식 대접'으로 섬김

식사나 음료를 대접해서 섬기는 방식이다.

존경하는 분에게 음식을 대접하는 것은 오랜 세월 동안 실천되어 온 우리의 전통적 관습이다.

그분의 식성과 기호에 따라 음식을 정성껏 장만하여 드린다. 음식 대접은 공경하는 마음으로 해 드려야 한다.

음식 대접은 부모가 자녀에게 어릴 때부터 성인이 될 때까지, 아니 그 뒤에도 그분들의 신체적 능력이 없어질 때까지 정성으로 해 주는 섬김방법이 아닌가. 아마도 음식 대접이야

말로 오히려 부모가 자녀에게 더 많이 해 주는 섬김 방식이
라고 본다.

6. '먼저 대접'해서 섬김

존경하는 분에게 도움, 서비스 또는 편의를 먼저 제공하며,
방, 목욕실, 자동차, 승강기에 먼저 출입하도록 함으로써 섬
기는 방식이다.

한국인은 자동적으로 어른, 성생님, 선배에게 먼저 음식을
권하고, 먼저 자리에 앉도록 하여 이들을 우선적으로 대접한다.
어른도 젊은 사람에게 좋은 음식을 대접해서 이들이 건강
하기를 바라거나 이들이 잘한 일을 축하해 주지 않는가. 또
어른이 먼저 대접을 받고는 이에 대한 사의를 표명하려 젊은
이에게도 비슷한 대접을 해 주지 않는가. 게다가 대부분의 부
모들은 자기들이 먹고 쓰지 않고 자녀에게 좋은 것을 먼저
주지 않는가.
노소간에 이와 같이 우선적으로 대접을 주고받는 호혜적
인 에티켓이 이루어지고 있다.

7. '윗자리'를 제공해서 섬김

존경하는 뜻으로 윗자리나 따듯한 곳 또는 조용한 방을 어른에게 제공하며, 부모의 산소를 따뜻한 남향 자리에 잡고, 물이 잘 빠지는 곳에 써서 섬기는 방식이다.

이 방식은 집터와 묏자리를 고르는 데 많은 에너지를 투입하는 우리 문화에서 중요한 섬김방식으로 통용되어 왔다.

이 방식도 젊은 사람에게 연장자가 사용할 수 있다. 예를 들어 부모는 자녀의 생일날, 졸업을 축하하는 모임, 자녀가 주도하는 가족회의 등에서 자녀에게 가운데 자리를 제공해 주어 그에게 축하의 뜻, 그의 역할과 그가 수행할 책임을 존중한다는 뜻을 표시할 수 있다.

8. '보살핌'으로 섬김

존경하는 분의 마음을 편히 해 드리고, 몸을 보살펴 드리고, 그분이 필요로 하는 서비스를 제공함으로써 섬기는 방식이다.

마음속으로부터 우러나는 정성으로 보살펴 드리고, 염려해 드리고, 기쁘고 안락하게 해 드리고, 불안감을 해소해 드리고, 마음에 상처를 주는 일을 하지 않고, 자주 만나 드리고,

시간을 함께해 드리고, 개인적인 케어를 해 드리고, 집안일을 돌보아 드리고, 교통편을 제공해 드리고, 보건의료서비스를 주선해 드림으로써 섬기는 방식이다. 따라서 이 방식은 정서적인 섬김은 물론 수단적인 섬김도 함께 제공하는 것이다.

사람의 한평생을 보아 부모와 자녀 어느 쪽이 섬김을 더 많이 받았을까? 아마도 자녀가 부모보다도 훨씬 더 많이 받았을 것이다. 갓난아기 때부터 성인이 될 때까지 긴 세월에 걸쳐 부모의 보살핌과 지원을 자녀는 받지 않는가. 아니 부모는 세상을 떠날 때까지 자녀를 돌보려고 나머지 에너지도 바치고 있지 않는가.

부모로부터 받은 보살핌은 끝이 없고 한없이 넓고 깊다. 따라서 이 방식에서는 부모가 오히려 자녀를 더 섬기는 격이 된다.

9. '생일 축하'로 섬김

탄생일이나 특별히 축하할 일이 있을 때 정중히 축하해 드림으로써 섬기는 방식이다.

어른과 젊은이의 탄생일을 축하하기 위하여 사람들을 초대해서 축하연을 연다. 탄생일을 맞는 부모, 가족원, 친지, 윗사람, 친구에게 축하의 뜻을 담은 꽃, 선물 또는 카드를 보내기도 한다. 멀리 떨어져 있을 경우에는 전화, 이메일 또는 카드와 선물로 축하의 뜻을 전할 수 있다.

10. '의논'으로 섬김

개인 또는 가정의 일, 지켜야 할 관습과 의식 등에 관해서 자문을 받거나 충고를 청함으로써 섬기는 방식이다.

의논을 함으로써 어른과 젊은 사람이 다 같이 혜택을 볼 수 있다. 젊은이는 경험, 지식, 지혜를 쌓은 어른으로부터 필요한 정보와 도움을 받을 수 있다. 어른은 젊은이를 도와줌으로써 보람을 느끼고 자기 존중감을 높이고 자기가 사회적으로 쓸모가 있다는 인증을 받는 데 대해 만족하게 된다.

고령자도 젊은이에게 특정한 주제에 관한 의견을 묻고 그것이 도움이 되면 받아들일 수 있다. 이와 같이 의논을 통해서 두 세대가 호혜적으로 섬길 수 있다.

11. '순종'으로 섬김

존경하는 분의 말을 따르고 그분의 말에 귀를 기울여 드림으로써 섬기는 방식이다.

그분의 말이 옳다고 볼 수 없을 때는 공손히 그분의 말이 잘못되었음을 지적해 줄 수 있다.

어른도 젊은 사람의 말을 따를 수 있다. 즉 그의 말에 귀를 기울이고 그의 의견을 존중하며 가족과 사회에 이득이 되는 그의 의견을 받아들이는 것이다.

이런 세대 간의 교호적인 섬김은 사실 많은 가족들이 이미 일상적으로 하고 있는 것이다.

12. '이웃' 섬김

이웃에게 보살핌과 서비스를 제공해서 섬기는 방식이다.

가족의 역을 넘어 이웃, 나아가 사회의 어려운 사람들을 돌보는 폭이 넓은 섬김방식이 될 수 있다.

원래 유교경전에는 가족 안의 어른을 모시듯 이웃과 나의 가족이 아닌 사람들도 사랑으로 돌보아야 한다고 교시되어 있다(論語, 學而: 汎愛衆而親仁).

가정에서 서로 돌보고 질서를 바로잡는 전통적 에티켓은 사회로 연장되어 보다 넓은 국가사회의 복지와 질서를 이룩하는 섬김으로 발전하는 것이다.

21세기에는 가족 중심적 생존방식은 이웃과 공동사회 중심으로 그 방향을 전환할 필요가 커지고 있다. 가족규모가 작아지고 흩어져 살며 가족의 지원능력이 저하되고 있는 현실을 보아 이웃공동체가 이제는 가족을 지원하는 체계를 갖추어야 하게 되었다.

이웃공동체를 이끌고 가는 힘은 서로를 존중하며 섬기는 것이다. 사회생활의 기본 윤리인 교호적 섬김의 에티켓이 더 잘 지켜져야 하겠다.

13. '상장례'와 '제례'로 섬김

돌아가신 분을 위해 상례와 매장을 경건하고 엄숙하게 해 드리고, 조상을 숭배하는 가족예식을 올리는 섬김방식이다.

부모가 서거할 때 상례를 올리는 것은 자녀의 일생에서 가장 감동적이고 애통한 행사이다.

돌아가신 분에 대한 예를 지키기 위하여 상복을 입고, 곡을 하며 고별예식을 지내고, 장의사, 관 및 묘를 정성 들여 선정해서 그분을 위해 매장을 엄숙하고 경건하게 해 드림으로써 고인에 대한 존경과 애정을 표하는 방식이다.

다른 사람의 장례 시 문상할 때는 평생 가족과 사회를 위해 애쓰시고 돌아가신 고인을 추모하면서 상주들의 효성에 경의를 표하는 심정으로 조의를 표한다.

조상을 위한 제사는 적어도 3대에 걸쳐 조상의 기일과 명절날에 올린다.

가족 성원들이 함께 음식을 정성껏 차려 놓고 조상의 지방과 사진을 향해 절을 하고 제사가 끝난 뒤에 가족들이 조상에 관한 이야기를 나누면서 조상에게 감사한다. 조상의 묘와 사당을 가꾸고 조상이 이루지 못하고 남겨 둔 사업과 조상의 소원을 성취하는 것은 모두 조상에 대한 존경을 표시하는 것이다.

조상 숭배는 한국을 비롯한 동아시아 나라 사람들의 가장 중요한 문화적 관행으로서 서양문화에서 볼 수 없는 독특한 섬김방식이다.

지금까지 섬김을 구체적으로 설명한 자료가 희소했다. 위에 제시한 방식들은 섬김을 어떤 행동으로 표현할 수 있는가를 구체적으로 알려 준다. 이 방식들은 모두 노소가 처해 있는 맥락에 알맞게 실천될 수 있다고 본다.

다음 제3장부터 위의 섬김방식 하나하나에 걸쳐 한국, 중국, 일본 등 동아시아 나라들에서 실행되고 있는 실상을 살펴보고자 한다.

〈표 2-1〉 어른 존경방식과 지적빈도 및 중요성 평점

한국인응답자[*]

존경 방식	지적빈도[1]		중요성[2]	
	등위	%	등위	평점
보살핌	1	62	1	3.60
순종	2	51	2	3.55
의논	3	41	3	3.51
먼저 대접	4	36	6	3.12
인사	5	33	5	3.15
존댓말	6	31	4	3.23
음식 대접	7	23	7	3.02
선물	8	21	8	2.92
외모	9	20	9	2.82
상장례와 제례	10	19	9	2.82
이웃	11	18	11	2.77
축하	11	18	12	2.63
윗자리	13	16	13	2.50

[*] N=401
1 응답자들이 지적한 빈도: 응답자 총수의 5% 이상이 지적한 항목만 포함.
2 중요성의 정도: 4단위 측도에 기초함(4=극히 중요함……1=약간 중요함)

'인사'로 섬김
[섬김방식 1]

사람을 만나 반가워하고, 그에게 관심을 가지고, 우정을 표하고, 그를 인증해 주고, 중요하게 여김으로서 섬기는 방식이다.

인사는 사람과 사람이 교환하는 데 있어 제일 먼저 하는 행위이다. 우리 문화에서 중요시하는 가치인 체면, 겸손, 계층의식, 관계중시, 화합, 의례가 합성하여 이루어지는 에티켓이다.

사회생활을 하는 데 있어 첫째가는 조건으로서 인사성이 밝은 것을 치고 있다. 인사는 예(禮)를 행하는 데 있어 기본이 되는 것이다.

인사성이 밝지 못하면 가족원들 간의 관계에서뿐만 아니라 모든 사람들과의 관계에서 실격자로 낙인찍히는 경우가 많다.

:: 인사와 서로 섬김

인사는 사람과 사람의 상호 관계에서 서로에게 지키는 기본적인 에티켓이다.

젊은 사람/아랫사람은 어른/윗사람을 만나면 절을 하거나 두 손을 합장해서 인사한다.

전자는 후자에게 "안녕하십니까", "만나 뵙게 되어 반갑습니다", "댁내 평안하십니까"와 같은 인사말을 한다. 헤어질 때도 "요사이 날씨가 고르지 못하오니 건강에 유의하십시오", "머지않아 또 만나 뵙게 되기를 바랍니다"라고 정중하게 인사를 한다.

집안 어른이나 가까운 윗사람에게는 아침, 점심, 저녁 시간이 지나면 "진지 잡수셨습니까"라고 인사한다. 식사를 했느냐를 알기 위해서 묻는 것이 아니라 보통 하는 인사말이다.

어른도 젊은 사람에게 "건강히 잘 있는가", "만나서 반갑네", "자네 집안이 두로 평안하신가", "무리를 하지 말고 쉬도록 하게", "자네는 어려운 이웃을 도와주고 있어 참으로 훌륭하네", "가까운 장래에 또 만나세"와 같은 인사를 하며 그를 만날 때와 헤어질 때 존중한다는 뜻을 전할 수 있다.

우리는 처음 만나는 사람에게 나의 감정과 느낌을 표시하지 않고 겸손하게 참으며 그의 대접이 나에게 좀 과분하다고 보이면 사양한다. 인사가 끝나 대화를 통해 교환하는 과정에서 상대편과 나 자신의 체면을 유지하려고 무진 애를 쓴다.

한국인은 세계에서 체면을 가장 중요시한다고들 한다. 체면을 지킨다는 것은 사회관계에서 예의 바르고 규범적인 행동을 하여 자존감과 품위를 높이려는 욕구를 반영하는 것으로 본다. 이런 욕구가 흔히 다른 사람 앞에서 에티켓을 지키는 동기가 된다. 외형과 실질을 연계시키는 성향을 가진 우리는 품위를 체면과 흔히 연결시키는 것이다. 이런 문화적 성향을 감지하는 외국인이 오해가 없도록 하고 지나친 체면의식을 조절하는 한편 상대편의 체면도 지켜 주는 노력을 해야 할 것이다.

:: 절

전통적인 인사방법은 절을 하는 것이다.

남자는 흔히 절과 악수를 동시에 한다. 존경을 표시하기 위해서 왼손을 오른손에 겹쳐 악수를 한다. 여자는 고개를 약간 숙여 인사하고 악수는 하지 않는다(서양 여자는 남자에게 손을 내밀며 악수하도록 한다).

처음 만나는 사람에게 이름을 알릴 때는 성을 먼저 알려야 한다. 아직 친숙하지 않은 사람을 부를 때는 그의 이름 다음에 칭호—부장님, 박사님, 선생님, 교장님, 기사님 등—를 붙여서 부르는 것이 예의이다.

(참고: 미국인을 부를 때는 아주 높은 지위에 있는 사람이 아니면 그의 이름 앞에 Mr., Mrs., Miss를 붙이면 된다. 서양 사람의 성명은 한국 사람의 성명과 반대로 이름을 성 앞에 둔다.)

:: 몸짓

인사를 할 때 친한 사람이 아닌 상대편의 몸에 손을 대면 실례가 된다.

인사할 때 아랫사람이 윗사람/고령자를 똑바로 쳐다보는 것은 삼가는 것이 좋다. 가볍고 짧게 쳐다보도록 한다.

앉아 있을 때 발은 반듯하게 하고 있어야 한다. 발을 앞으로 빼거나 책상 위에 얹어 놓지 않는다. 두 발을 마루 위에 디디고 앉아 있도록 한다.

물건을 주고받을 때는 두 손으로 한다.

사람을 가리킬 때는 손가락으로 가리키면 안 된다. 손바닥을 아래로 하고 손으로 가리켜야 한다.

:: 만날 때

약속시간을 지켜야 한다. 약속시간에 만나지 못하게 되면 늦는다는 연락을 반드시 해야 한다. 높은 자리에 있거나 중책을 맡은 사람은 약속시간을 지키지 못하는 경우가 있다. 이럴 때는 이해해 주어야 한다.

처음 만날 때는 사업상의 모임에는 물론 사교적인 만남에도 여러 장의 명함을 가지고 가는 것이 좋다. 명함을 주고받을 때는 두 손으로 한다.

처음 만나 인사를 하고 나서 서로의 신뢰감을 돋우고 서로의 관계를 발전시켜 나갈 수 있다. 이런 때는 어려운 과제나 신경을 쓰게 될 이야기는 삼가는 것이 좋다.

헤어질 때도 상대편에게 절이나 악수를 한다. 만나서 서로의 관계가 좋아졌다고 느끼면 헤어질 때 몸을 많이 숙여 절을 한다.

:: 인사의 보기

공공장소나 직장에서 이루어지는 공식적 대인관계에서 예의를 지키는 것은 개인의 사회적 입지와 명성에 영향을 끼칠 수 있다.

자기를 소개하는 경우를 들어 보자.

첫인사를 할 때는 보통 다음과 같은 말을 한다.

　　“안녕하십니까.”
　　“저는 김문식입니다.”
　　“잘 부탁합니다.”

　어른과 사람들 앞에서는 자기를 ‘저’라고 부른다.

　상대를 부를 때는 그의 직책이나 직급을 알면 보통 ‘님’을 붙여서 부른다(예: ‘박 선생님’, ‘조 과장님’, ‘이 기사님’). 모르는 분에게는 ‘어르신’, ‘부인’, ‘선생님’을 붙여 부른다(예: 남 어르신, 송 부인, 장 선생님).

　부드럽고 나지막한 소리로 존중하는 표정으로 부른다. 그리고 온화한 얼굴로 따뜻한 느낌을 주도록 한다.

　요즘에는 선생이나 어른을 만나면 악수를 하면서 절을 한다. 절과 악수를 동시에 한다.

　사람을 만날 때는 공사를 막론하고 명함을 준다.

　명함은 두 손으로 글자를 상대편이 읽을 수 있도록 건넨다. 그리고 내가 받는 명함도 두 손으로 받아 읽어 보고 책상 위에 놓아둔다. 바로 명함케이스에 넣지 않는다.

　인사를 한 후 자리에 앉아 이야기할 때 비스듬히 앉아 있거나 턱을 괴고 있는 것은 실례가 된다.

　다음에 우리와 비슷한 문화적 배경을 가진 일본과 중국 사람들이 공식적인 또는 사교적인 용무로 사람을 만날 때 인사하는 방식을 살펴보고자 한다. 대체로 우리와 같은 방식으로 인사를 하지만 다른 점도 엿보인다.

:: 일본사람들의 경우

일본사람은 인사를 할 때 먼저 절을 한다. 흔히 절을 하고서는 악수를 한다. 윗사람에게는 고개를 깊이 숙이고 절을 한다.

이 사람들은 전화를 할 때도 보이지 않는 상대편에게 절을 한다.

만나는 사람이 나에게 절을 하면 나도 그에게 몸을 굽혀 절을 한다. 굽히는 정도가 서로 간 관계의 깊이를 의미한다. 절을 하면서 눈은 아래를 향한다.

상대편의 지위나 권한을 잘 모를 때는 그가 나에게 절을 하는 각도보다 약간 더 낮게 절을 한다. 절을 할 때 두 손은 옆으로 한다. 여성은 두 손을 앞으로 모아 한다.

자기소개

일본사람은 자신을 소개할 때, 자기의 이름 다음에 '데스' 또는 '또 모시마쓰'를 붙인다. "김부식 데스" 또는 "김부식 또 모시마쓰"(나는 김부식이라고 합니다)라고 한다. 그러고는 "도소 요로시꾸 오내가이 시마쓰"(잘 부탁합니다)라고 덧붙인다. 친절하고 겸손한 인사말이다.

이름과 칭호

일본사람들도 우리와 같이 성을 이름보다 먼저 말한다. 가까운 친구가 아니면 성을 불러야 한다. 언제나 이름 다음에 칭호를 붙인다. 예로 성 다음에 '상'(존칭)을 붙여 '나까무라ー상', '김ー상'이라고 부른다. 선생과 의사의 이름 다음에는 '센세이'를 붙인다. 예로 '하또야마 센세이'(하또야마 선생님), '박 센세이'(박 선생님)라고 한다. 그러나 나 자신의 이름 다음에는 '상'과 '센세이'를 붙이지 않는다.

보통 인사

아침에 만나면 "오하요 고사이마스"(영어의 "Good Morning"과 같음)라고 인사한다. 퇴근할 때는 "오사끼니 시쓰레이 시마스"(먼저 실례합니다: 영어의 "Pardon my leaving before you"와 같음)라고 한다. 이런 인사를 받는 사람은 보통 "오쓰가래ー사마 데시타"(수고하셨습니다: "You have worked hard"와 같음)라고 응답한다.

감정 표시와 웃음

일본사람도 노여움, 실망, 슬픔과 같은 감정을 솔직하게 표시하지 않고 흔히 웃음으로 대신한다. 상대편의 체면을 손상하지 않고 또는 대결을 피하려는 행동이다. 겸손과 사양을 나타내는 행위이기도 하다. 이런 행동을 이해해야 한다. 일본사람의 대인관계에서 흔히 볼 수 있는 일본식 에티켓이다.

일본사람을 처음 만날 때는 다음과 같은 절차를 밟는 것이 상례이다.

- 절을 한다.
- 절을 하고 난 뒤 바로 악수한다.
- 상대편의 눈을 접촉한다(그러나 오랫동안 또는 몇 번씩 접촉하지 않는다).
- 자기를 소개한다.
- 명함을 두 손으로 준다.
- 존칭을 사용한다. 사마(樣), 상, 센세이(先生), 가이쪼(會長)상, 가쪼(課長)상, 하까세(博士)사마 등을 성(姓) 다음에 붙여 부른다(예: 무라야마 사마, 야마다 상, 가와시마 센세이, 다나까 하까세 사마).
- 예의 바른 말을 한다.
- 식탁/회의장 예절을 지킨다.
- 손님으로서의 예의를 지킨다.
- 같이 모이는 사람들의 차이점(문화, 종교, 연령, 교육 등)을 수용한다.

- 자기 통제를 한다.
- 식사나 연회에 초청되었을 때 손님으로서 주인 맞은편에 앉는다(보통 초대자가 지정한다).
- 무엇을 먹으면서 말하지 않는다.

일본사람과 절

일본사람들은 여러 가지 목적으로 절(오지기)을 한다. 만나서 인사할 때, 처음 사람을 만날 때, 고맙다고 할 때, 미안하다고 할 때, 어떤 부탁을 할 때 절을 한다. 인사만이 아니라 이렇게 여러 가지 의도로 절을 한다. 서양사람을 만나면 상대편을 편안하게 하기 위하여 악수를 한다.

일본사람들은 일반적으로 세심한 성품을 가지기 때문에 방문자는 인사하는 행동에 특별히 신경을 써야 한다.

상대편이 같은 지위나 직급에 있는 사람일 때는 절을 할 때 그가 하는 바와 같은 높이로 허리를 굽히면 된다. 상대편이 자신보다 높은 지위에 있으면 그 사람보다 허리를 더 굽혀서 절을 한다. 그리고 상대편이 어느 지위에 있는지를 모를 때는 그 사람보다 약간 더 허리를 굽혀 절을 하도록 한다. 절을 할 때 눈은 위를 보지 말고 아래를 보면서 한다. 남자는 두 손을 몸 옆에 대고 하고 여자는 두 손을 몸 앞에 대고 한다.

겸손과 감정 억제

초대한 주인이 먼저 말을 꺼내어 대화를 시작하도록 하는 것이 좋다. 겸손은 매우 중요한 일본사람들의 가치이다. 자기를 칭찬해 주어도 별로 응답이 없다. 겸손해서 칭찬을 받을 자격이 없다는 표시이다. 감정을 억제하는 것이다. (서양사람들과 달리) 흔히 다음과 같은 질문을 한다. 나이가 몇인가, 결혼했는가, 아이들을 가졌는가, 체중이 어느 정도인가, 어느 학교를 졸업했는가 등 개인적인 사정에 대한 질문이다.

이런 질문은 상대편과 나와의 유사점 또는 차이점을 파악하여 상대편을 더 잘 알고 더 친밀한 관계를 만들어 나가기 위한 사전준비로 하는 것이라고 보면 된다.

이 질문에 대답할 의사가 없으면 미소를 지으면서 응답하지 않으면 된다.

그리고 극장표, 음악회표, 경기장입장표 등에 대해서 문의하지 말아야 한다. 상대편이 혹 표를 사 달라고 부탁하는 것으로 잘못 생각할 수 있다.

일본사람들은 우리와 같이 위계적이고 상하 계층의식이 강한 편이다. 연령이 높고 지위가 높은 사람은 대개 말이 적으며 모임 또는 식사가 끝날 때까지 말하지 않는 수가 있다. 그런데 높은 지위에 있는 사람은 차를 제일 먼저 마시는 경우가 많다.

상대편이 10분 또는 그 이상 침묵하고 말을 하지 않아도 기다려야 한다. 흔히 깊이 생각하는 사람은 말을 하지 않는다. 눈을 감고 있으면 조심해서 말을 들으려고 그러는 것으로 보아야 한다. 혹은 품위를 유지해서 리더로서의 체면을 지키려는 의도로 그러는 것이라고 볼 수도 있다.

술이나 차 같은 음료수는 상대편이 부어 주도록 기다려야 한다. 내가 내 잔에 붓지 않는다.

일본에서는 여성이 윗자리에 앉거나 먼저 대접받는 경우가 드물다.

조심해야 할 점은 일본사람들 모임에서는 모인 사람들 중 누가 어른인가를 재빨리 알아차리고 그 어른을 대접하는 것이 현명한 것이다. 모인 사람들 중의 윗사람은 명함을 보고 알 수 있고, 찻잔을 다른 사람들보다 먼저 드는 것을 보고 알 수 있고, 사람들 가운데서 제일 조용히 있는 사람일 수 있고, 모임 끝까지 아무 말도 아니 하는 사람일 수 있다. 회사나 단체의 성원들일 경우 이러한 점에 신경을 써야 한다.

존댓말

일본의 경어는 세 가지로 나눌 수 있다. 즉 존경어(尊敬語), 겸양어(謙讓語), 친절어(親切語)이다.

'존경어(존댓말)'는 상대편 사람, 그의 행동이나 상태를 직접 존중하는 말이고, '겸양어'는 나 자신의 것 또는 나의 편에 속하는 것(나의 가족, 나의 직장, 나의 업적 등)에 대해서 낮추어 말해서 상대편을 추어올리는 말이며, '친절어'는 친절하게 하는 말이다.

일본 존경어의 예를 몇 가지 들어 보겠다.

말끝에 '라래' 또는 '래루'를 붙인다.

그 영화를 보셨습니까? → "소노 애이가오 미라래마시다까?"
몇 시에 일어나셨습니까? → "난지니 오끼라래마시다까"

단어 앞에 '오' 또는 '고'를 얹어 경의를 표한다. 이 방법은 위의 방식보다 더 강하게 경의를 표시한다.

한국으로 언제 출발하십니까? → "강꼬꾸니와 이쓰 오다
찌니 나리마스까?"
자유롭게 사용하십시오. → "고지유니 쓰깟대 구다사이
마세."
피곤하시시요? → "오 쓰까래니 나리마시따대쇼?"

기타 경어

오, 御(고), 貴(기)를 단어 앞에 붙여 경의를 표한다.

오나마애(성명), 오도시(연령), 고로진(어르신, 노인), 기샤
(貴社)

겸양어

拙文, 拙者, 拙稿, 粗品, 弊社, 愚息, 小生, 微力 등 한국에서 사
용하는 겸양어와 대체로 비슷하다.

친절어

'데스', '마스', '고사이마스'를 문장 끝에 붙여 경의를 표한다.

바쁩니다 -> "이소가시이데스"
돌아옵니다 -> "가엣대 기마스"
여기입니다 -> "고꼬대 고사이마스"

명함

일본사람들도 명함을 많이 사용한다. 처음 만난 사람에게
자기를 소개할 때는 자신의 명함(business card)을 준다. 명함
은 성명과 연락처는 물론 소속단체와 지위 및 맡은 바 책임
과 의사결정권을 알려 주어 자신을 소개하는 역할을 한다. 공
식적인 교환에서는 이런 정보를 알려 주면 상대편에서도 나

와 비슷한 지위와 권한을 가진 사람이 나서서 교환하게 된다. 명함은 여러 장 준비해 가도록 한다. 일본어로 번역하여 인쇄해서 가지고 가는 것이 현명하다. 이제는 인쇄가 빨리 되기 때문에 도착지의 호텔관리인에게 부탁해서 마련할 수 있다. 명함은 중요한 역할을 하기 때문에 조심스럽게 준비하고, 받은 명함은 잘 보관해 두어야 한다.

:: 중국사람들의 경우

만남과 인사

중국에서는 절(어깨를 굽혀서)을 하는 것이 사람에게 인사하는 대표적 방식이지만 서양사람에게는 악수로 대신한다.

중국인은 인사할 때 흔히 머리를 숙이거나 머리를 끄덕이며 묵례를 한다. 한국과 일본에서와 같이 허리를 굽혀 절을 하는 경우가 드물다.

중국문화에서는 감정을 억제하는 것이 중요하다. 동아시아 문화의 특징이라고 할까 중국사람은 감정을 표시하지 않는 습성이 있어 만날 때 웃지 않는 경우가 많다. 그래서 중국사람을 처음 만나는 사람은 이렇게 감정을 나타내지 않는 성향이 있음을 이해해야 한다. 동아시아 사람들의 공통적인 성향이라고 할 수 있다.

중국사람에게 인사할 때는 연령이나 지위가 높은 사람에게 먼저 하도록 한다. 형식을 중요시하기 때문에 이름을 부를 때 조심해야 한다. 영어의 경우와 달리 중국에서 사람을 부를 때는 반드시 성을 먼저 불러야 한다.

예로 Mr. 장진궈, Mrs. 진양미와 같이 성(장, 진)이 먼저이고 이름(진궈, 양미)이 뒤따른다. 그리고 상대편의 사회적 호칭을 알면 그 호칭을 붙여 성과 이름을 부르는 것이 옳다. 예로 진양미 사장, 장진궈 회장, 우방휘 교수와 같이 부른다.

중국사람들은 인사할 때 흔히 "식사를 했습니까"라고 묻는다. 이 인사는 우리의 경우와 같이 무엇을 먹었느냐고 질문하는 것이 아니라 사람을 만나면 하는 보통 인사이다.

사회적 지위와 대접

중국사람들은 대체로 위계적이고 통제된 사회체계 속에서 살고 있어 지위와 계급이 높은 사람을 우선적으로 대접한다. 우리보다는 사교상의 움직임이 좀 느린 편이다. 중국에 가서는 이런 문화적인 습성을 존중하여 그들이 하는 식을 따라 인사하고 자리에 앉고, 대화하는 것이 예의이다.

여러 사람들이 함께 중국을 방문할 경우에는 방문자들 가운데서 (연령이나 지위가 높은) 대표를 선정해서 대변인으로 내세워 중국 편의 대표와 대화하도록 하는 것이 자연스럽다. 서양사람들은 함께 있는 사람들이 발언권을 나누어 대화하지만 중국사람들은 낮은 지위에 있는 사람은 말을 하지 않기 때문에 방문자들도 지위가 낮은 사람이 발언하지 않는 것이 어울린다. 이것이 중국에서 지켜야 할 네티켓이다.

대화를 할 때 중국사람이 '그것은 좀 불편하다', '자세히 모르겠다', '그럴지도 모르겠다' 같은 말을 할 경우는 그 말의 뜻이 '아니오' 또는 'No'와 가까운 것이라고 보면 된다. 상대편에게 'No'라는 말을 솔직히 해서 마음의 상처를 입히지 않음으로써 그의 체면을 지키려는 것이라고 볼 수 있다. 중국사람도 체면의식이 우리와 같이 강하다.

만나기 전에 먼저 명함을 준비하는 것이 좋다. 명함에 적혀 있는 지위와 자격에 따라 대접하는 것이 달라지고 의견을 존중하는 정도가 달라진다. 명함은 여러 장 가지고 가도록 한다. 중국어로 번역해서 명함 뒷면에 인쇄해 두면 편리하다.

명함은 두 손으로 주고 두 손으로 받는 것이 에티켓이다. 명함을 받으면 들여다보고 확인하는 태도를 취하는 것이 예의이다. 책상에 앉아 있을 때는 받은 명함을 책상 위에 두고 본다. 서 있을 때는 명함철에 정중히 꽂아 둔다.

인사말

다음은 중국어(Mandarin) 인사말의 보기이다.

〈안녕하세요?〉

- 你好 "니하오"(Nǐ hǎo: "안녕하세요", 영어의 "Hello"에 해당함. 직역하면 "당신 좋습니까"라는 뜻임.)
- 您好. "닌하오"(Nín hǎo: 역시 영어의 "Hello"인데 어른, 선생, 윗사람 또는 존중하는 사람에게 사용함.)
- 你好吗? "니하오마"(Nǐ hǎo ma: 첫 인사말을 하고 나서 하는 말이기도 하나 "닌하오" 대신 첫인사말로도 사용됨.)
- 您好吗 "닌하오마"(Nín hǎo ma: 존중하는 사람에게 하는 인사인데 첫 인사말로도 사용됨.)
- 你怎么样 "니 전머 양"(Nǐ zěnme yàng: "어떠십니까?", "어떻게 지내십니까?" 영어의 "What's up?", "How are you doing?"에 해당함.)
- 幸会 "싱 휘"(Xìng huì: "만나게 되어 반갑습니다." 영어의 "Nice to meet you!"와 같음.)

〈아침에 하는 인사〉

- 早上好 "자오샹 하오"[Zǎoshàng hǎo: "안녕히 주무셨습니까"에 가까움. 직역하면 "아침(早上) 좋음(好)", "좋은 아침"]
- 早 "자오"(Zǎo: 아침인사)

• 早安 "자오 안"(Zǎo ān: 직역하면 "평화로운 아침")

〈오후에 하는 인사〉

• 午安 "우 안"(Wǔ ān: 오후에 하는 인사, Good Afternoon에
  해당함.)

〈저녁에 하는 인사〉

• 晚上好 "완샹 하오"(Wansiang hâo: 영어의 "Good Evening"
  에 해당함.)

• 晚安 "완 안"(Wǎn ān: "편안히 주무십시오", 영어의 "Good
  Night" 또는 "Peace at Night"와 같음.)

〈헤어질 때 하는 인사〉

• 再见 "자이지안"(Zàijiàn: "또 뵙겠습니다", 영어의 "See you
  again"과 같음.)

• 明天见 "밍티안 지안"(Míngtiān jiàn: "내일 뵙겠습니다", 영
  어의 "See you tomorrow"와 같음.)

• 回见 "휘지안"(Huíjiàn: "또 뵙겠습니다", "안녕히 계십
  시오")

• 再会 "자이휘"(Zàihuì: "또 뵙겠습니다")

• 拜拜 "바이바이"(Bàibài: "안녕", 홍콩·타이완·중국의 도
  시에서 사용)

:: 홍콩, 싱가포르, 타이완의 경우

이들 나라 사람들의 대다수가 중국인이기 때문에 인사하는 방식이 대체로 중국 본토에서 볼 수 있는 것과 같다. 다만 홍콩과 싱가포르의 경우 서구문화에 오랫동안 젖어 있어 특정한 예의 표현방식이 다른 점이 있다. 싱가포르에는 중국계, 말레이시아계 및 인도계 사람들이 살고 있어 문화적 배경이 다르기 때문이기도 하다.

중국계 사람의 이름을 부를 때는 성(性)을 먼저 부른다. '왕민징'이라는 분을 부를 때는 Mr. '왕민지'라고 한다. '민지왕'이라고 하지 않는다.

말레이시아계 사람의 이름을 부를 때는 그의 아버지의 성 다음에 그에게 주어진 이름을 붙여서 부른다. 예를 들어 Abdullah bin Yusif라고 부르면, bin은 아들이고, Yusif는 아버지의 이름이며 그의 아들 Abdullah라는 표현이 된다. Yasmeen binti Yusif는 Yusif의 딸 Yasmeen이 된다. 인도계 사람을 부를 때는 말레이시아계 사람의 경우와 같이 부른다.

악수는 서양사람들같이 한 손으로 하지 않고 두 손으로 상대의 손을 잡아 두세 번 쥐고 난 후 끝낸다. 서양사람보다 좀 시간을 더 주면서 악수한다.

홍콩에서는 악수를 비교적 가볍게 한다. 그러나 악수를 주고받는 시간은 서양사람이 하는 것보다 몇 초 더 길게 한다고 보면 된다. 사람들을 소개할 때는 제일 나이가 많거나 윗자리에 있는 사람부터 한다. 중국 본토에서와 같이 사회적 계층의식이 강하기 때문에 이 점을 유의해야 한다. 이름을 부를 때는 성(姓)을 부른다. 성을 먼저 부르지 않고 이름을 부르면 실례가 된다. 예로 '김종오'의 경우 김(Mr. Kim, Mrs. Kim)을 먼저 불러야 한다(아주 가까운 사람이 아니면 이름을 부르지 않는다).

동아시아에서는 일반적으로 만날 때 절을 하지만 타이완에서는 반드시 그러지 않아도 된다. 만날 때 악수하는 풍습이 널리 퍼져 있다. 만나는 사람들의 계급, 지위, 서열을 재빨리 파악해서 그 순위에 따라 악수해야 한다. 악수한 다음에 명함을 준다. 명함은 중국어(만다린)로 번역된 것을 주도록 한다.

:: 서양사람의 경우

사람을 만날 때 그 사람의 눈을 바라본다(eye contact). 오랫동안 쳐다보지 않는다.

여성을 만날 경우, 그 여성이 악수를 청할 때 이에 응해서 악수한다.

처음 상대편을 만날 때는 함께 간 사람들 중 누군가가 나를 소개해 주는 역할을 하면 좋다.

상대하는 사람들이 여럿이 되면 자연 사회적 또는 사업상 지위와 책임 또는 권한의 높고 낮음에 따라 나누어져 대화를 하게 된다. 이런 관습에 대한 이해를 하고 겸손하게 양보하는 입장을 취해야 한다. 특히 사업목적으로 사교할 경우에 그래야 한다.

처음 만날 때 손을 꽉 잡고 악수를 하기를 바란다. 상대편과 1미터 정도 떨어져 서서 인사하는 것이 알맞다. "안녕하십니까?"라는 말을 하고 나의 명함을 준다. 명함을 주면서도 이름, 직위 및 소속단체/회사를 알릴 수 있다.

동아시아인들은 상대가 나에 대한 칭찬을 할 때 흔히 이를 사양하거나 부정하는 태도를 보이는데, 서양사회에서는 이럴 때 "고맙습니다" 하고 응하는 것이 상례이다.

절, 악수, 포옹, 끄덕임, 코를 맞대고 비빔, 키스, 볼에 하는 키스 등은 문화에 따라 다르게 수렴되는 인사방법이다.

볼에 키스하는 것은 유럽과 남미에서 널리 행해진다. 각 나라마다 이 방법도 좀 달리 사용된다. 러시아, 네덜란드, 이집트 등 나라에서는 볼을 바꾸어 가며 3번 키스한다. 이태리와 헝가리에서는 두 번 키스하고 멕시코와 빌지움에서는 오른쪽 볼에 한 번 키스한다. 프랑스의 대다수 지방들에서는 두 번 키스를 한다. 오만에서 남자는 악수를 하고 난 뒤에 서로의 코에 키스를 한다.

프랑스 사람들은 악수를 하는데 가볍게 손을 잡는다. 볼에 가볍게 대는 인사를 하거나 공중에 입을 맞춘다. 손님과 처음 만나는 사람의 칭호를 부른다(마담, 몽주, 박사, 과장, 회장 등). 선물은 관례가 아니라 기대하지 않는다. 생일 축하, 크리스마스, 세례식, 결혼식에서는 초대 측이 선물을 주는 것이 상례이다.

독일에서도 다른 서양나라들과 공통된 인사를 한다. 처음 만나면 그가 남자일 경우에는 악수한다. 여성의 경우에는 여성이 먼저 손을 내밀면 악수한다. 이름 다음에 칭호를 붙인다. 약속을 하고 만난다. 방문 시 꽃(여성에게), 와인(남자에게)을 가져간다. 선물은 바라지 않는다. 생일 또는 크리스마스, 세례식, 결혼식에는 선물을 한다.

이태리 사람은 만나는 사람 모두와 악수를 한다. 여성은 볼에 입을 맞춘다. 사람과 거리를 두지 않고 가까이 서서 대화한다. 호칭을 붙인다. 딥을 식사 전에 준다. 선물은 바라지 않는다. 다만 명절이나 생일에 간단한 선물을 한다.

영국 사람은 사생활에 대해 질문하지 않는다. 길을 걸을 때 여성이 길 안쪽에 걷도록 한다. 눈을 마주 대고 직시하는 것을 피한다.

이슬람계 나라 사람들도 호칭을 사용한다.

인사로써 고개를 숙이거나 절을 한다. 절을 하고 난 뒤 악수한다. 악수는 가볍게 한다. 존경을 표시하기 위해서 왼쪽 손으로 오른쪽 손을 겹쳐서 악수한다.

여성과는 악수를 하지 않는다. 여성의 눈을 마주 보거나 바로 쳐다보지 않는다. 여자는 고개만 약간 숙이고 악수는 하지 않는다.

미국 사람들은 사람을 만나면 "Hi" 하고서 고개를 숙인다. 상대가 잘 아는 사람이면 다음과 같이 말해도 된다. "Hey Dude! Whats up?" 이런 인사를 받으면 다음과 같이 대응 인사를 한다.

"I am fine. Thanks! How are you doing?"

이런 인사말이 끝나면 다음과 같은 말을 계속할 수 있다. "How are things with you?" 또는 "How is life treating you buddy?" 또는 "How is work?"

미국인과는 악수도 힘 있게 한다. 여성(소녀 또는 성인 여자)을 만날 때 그가 잘 아는 사이이면 포옹을 하는 것이 예이다. 손을 그의 등에 대고 머리를 그의 머리에 살짝 대면서 가볍게 포옹한다. 처음 한두 번 만나는 여성에게는 악수를 하는 것이 에티켓이다.

미국에서는 "감사합니다"(Thanks 또는 Thank you)를 매우 자주 사용한다. 남이 조금이라도 도움이나 편리를 제공하면 고맙다고 한다. 그리고 남에게 조금이라도 폐를 끼치거나 미안한 짓을 하면 ‘미안합니다 또는 실례합니다’(Excuse me 또는 Sorry)라고 한다. 이와 같이 Thank you와 Excuse me 또는 Sorry는 미국인들이 매우 자주 사용하는 일상적 에티켓이다.

건물에 들어갈 때 누군가가 내 앞에서 문을 열어 잡고 내가 들어가도록 한다면 반드시 “Thank you”라고 해야 한다. 내가 만약 다른 사람보다 먼저 문을 열고 들어가는 경우 그 문을 열어 잡고 있어 내 뒤의 다른 사람이 들어갈 수 있게 하는 것이 에티켓이다. 여성과 함께 갈 경우 그를 위해 문을 열어 주는 것이 또한 에티켓이다. 만약 내 뒤에 3~4미터 떨어져 누군가가 오는 경우 그 사람이 문에 들어올 수 있게 문을 열고 있는 것이 또한 예의이다.

언제나 나를 위해 무엇인가 하는 사람에게는 고맙다고 해야 한다. 승강기 안에서 누군가가 내가 원하는 층에 가도록 버튼을 눌러 주면 이에도 고맙다고 한다. 미국에서는 택시 기사에게도 내릴 때 고맙다고 한다. 우리 문화에서는 하지 않는 것인데 옆의 사람이 재채기를 할 때 “Bless you”(‘저런’ 또는 ‘아뿔싸’)라고 해 주는 것도 미국에서는 에티켓이라고 본다.

*   *   *   *   *

인사는 기본적으로 만나는 사람들끼리 정중하게 우의(友
誼)를 표하며 서로 섬김의 뜻을 나타내는 에티켓인데 그 표현
방식이 문화에 따라 다소간의 차이가 난다. 그런데 동아시아
3개국의 경우는 차이보다도 공통점이 더 많다.

국제적 사교세팅과 다문화사회에서는 그런 차이를 이해하
고 수렴해서 해당하는 세팅과 문화에 맞는 에티켓을 지켜야
한다. 그렇게 하자면 인사에티켓의 문화적 차이에 대한 사전
조사를 하고 개인적 또는 그룹을 통한 학습을 해 두는 것이
바람직하다.

인사는 나와 교환하는 사람에게 나에 대한 좋은 첫인상을
가지도록 하는 데 경정적인 역할을 하기 때문에 이러한 노력
이 필요하다.

인사는 예(禮)의 발상지인 동아시아 문화권에서 매우 중요
시하는 예절이기 때문에 현대적 에티켓을 발전시키는 데 반
드시 우선적으로 다루어져야 한다.

동아시아의 세 나라 사람들은 같은 문화권에서 생활을 하
고 있어 인사에티켓을 지키는 방식과 관행에 유사한 점이 많
다. 앞으로 세 나라에서 인사에티켓의 같은 점과 차이점을 비
교해서 새 시대 생활에 보다 더 적합한 인사에티켓을 찾아
서로 나누어 가지는 노력이 필요하다.

제4장

'존댓말'로 섬김
[섬김방식 2]

대화를 할 때와 서신을 작성할 때 존댓말을 사용하여 섬기는 방식이다.

존댓말을 사용하는 것은 동아시아 사람들의 문화적 가치 −겸손, 계층의식, 권위존중, 순종 등−가 종합되어 이루어지는 일상생활 에티켓이라고 할 수 있다.

우리의 문화에서는 존경하는 표현이 매우 다양하고 복잡하다. 표현하는 방식이 상대의 신분과 주변의 상황에 따라 달라신나.

어른에게 하는 것, 선배에게 하는 것, 직장의 윗사람에게 하는 것, 경사 때 하는 것, 초상 때 하는 것이 모두 다르다.

존경을 나타내는 낱말, 구절, 문장도 존경의 정도와 존경할 대상에 따라, 그리고 주위사정에 따라 달라진다.

서양사람들이 한국어, 중국어 및 일본어를 배우는 데 가장 어려운 점이 바로 이 존경하는 말을 배우는 일이다.

존댓말은 상대편을 높이고 존중하는 말이다. 즉 상대편에게 나를 낮춤으로써 그를 높여 주는 표현이다.

예기에 이 점에 대해서 분명히 지적해 놓았다(예기, 상. 1).

> "예라는 것은 자기를 낮추고 남을 높이는 것을 원칙으로 한다."

존댓말은 우리가 대하는 사람의 사회적 위치와 나와의 관계에 따라 표현이 달라진다. 이 표현은 동아시아인의 계층의식, 겸손 및 자기 비하의 성향을 나타내는 것이다.

그런데 어른도 젊은 사람/아랫사람을 존중하는 말을 흔히 사용한다. 다음 절의 '젊은 사람을 존중하는 말'을 참조하기를 바란다.

다음에 존댓말의 예를 몇 가지 들어 보고자 한다.

존댓말은 크게 두 가지로 나눌 수 있다. 상대편을 '높이는 말'과 나를 '낮추는 말'이다.

동아시아 문화에서는 사회관계를 이루는 데 있어 상대편을 높이고 본인을 낮추는 관습을 에티켓으로 지켜 오고 있다.

우리말의 존경하는 표현은 낱말, 구절에 나타나며, 전치사와 후치사로 표현되고, 어미(말끝)와 어두(말 첫머리)에서도

나타난다. 문장 전체가 존경하는 내용으로 되어 있는 경우가
있다.

:: 낱말

예: 말씀(말), 연세(나이), 진지(식사), 병환(병)

:: 말끝(접미어)

예: 아버님(아버지), 선생님(선생), 아드님(아들), 기사님(기
사), 과장님(과장), 여러분(모두), 친구분(친구), 내외분(내외),
형제분(형제)
아버님께서(아버지가), 선생님께서(선생이),
하십니다(한다), 주십니다(준다), 가십니다(간다), 입으십니
다(입는다), 계십니다(있다)
하겠습니다(하겠다), 여쭈어 드리겠습니다(말해 주겠다),
전해 드리겠습니다(전하겠다), 올릴 말씀이 있습니다(할 말이
있다)

:: 호칭

어른을 부를 때 그분의 이름 다음에 그분의 호칭(부인, 선생님, 여사님, 박사님, 반장님, 회장님, 과장님, 선배님, 기사님 등)을 붙인다.

:: 나를 낮추는 표현

주로 나 자신과 나의 가족, 나의 편에 속하는 사람들에 대해서 낮추는 말을 사용하여 상대편을 상대적으로 높이는 표현이다.

이런 표현은 동아시아 사람들의 독특한 문화적 관습이고 언어 에티켓이다. 서양문화에서는 보기 드문 것이다. 다음은 이런 표현의 예이다.

> 돈아(豚兒: 나의 돼지 같은 아이), 폐사(弊社: 나의 값이 없는 회사), 졸작(拙作: 나의 보잘것없는 작품), 아이놈(나의 대단치 않은 아이), 집사람(나의 집만 지키는 처), 조품(粗品: 내가 주는 값없는 선물)

:: 어른을 부를 때 하는 말

　어른과의 가족관계 및 사회관계에 따라 부르는 호칭(예: 아버님, 여사님, 과장님 등)이 달라야 한다. 호칭은 상대편을 가리켜 말하는 명칭이다. 그런데 호칭은 상대방의 가족관계, 연령, 사회적 지위에 따라서도 다를 수 있다.

　어른을 직접 부를 때, 돌아가신 어른을 부를 때, 나 자신을 어른에게 말할 때 그 호칭이 각각 다르다. 그리고 아버지를 직접 부를 때, 다른 어른 앞에서 자기 아버지를 부를 때, 사돈 어른을 부를 때, 직장의 윗사람을 부를 때, 모르는 어른을 부를 때 각각 그 호칭이 달라야 한다.

　가장 흔히 사용되는 호칭으로서 아버님, 어머님, 선생님, 부인, 박사님, 위원장님, 과장님 등을 들 수 있다. 어른에게는 이런 호칭을 사용하는 것이 옳다. 그리고 이러한 호칭을 사용하는 데 있어서도 상대편을 존경하는 의미가 담긴 목소리로 해야 한다. 즉 언어예절을 지켜야 하는 것이다.

:: 젊은 사람을 존중하는 말

　부모와 어른이 자녀와 젊은 사람에게 똑같은 존댓말을 사용할 수는 없으나 젊은 사람을 존중하는 뜻이 담긴 표현은 흔히 사용한다. 예를 들어 '군', '양'을 성 다음에 붙여 부르고 (김 군, 박 양), '미스터', '미스'를 젊은 사람의 이름 앞에 붙여 부르며(미스터 김, 미스 이), "이렇게 해 주기를 바랍니다 (또는 바라네)", "여러분들의 노고에 감사하오", "김 양/김 군 생일을 축하하네", "이 문제에 대한 자네 의견은 어떤가" 등 표현을 하는 것은 젊은 상대를 존중하는 뜻이 포함되어 있다. 기성세대는 앞으로 이러한 젊은 세대를 존중하는 표현을 더 많이 사용해야 하겠다.

경어를 사용하는 데 있어 또 한 가지 유의할 점은 어른이 알아듣기 쉽도록 말하고 고운, 교양 있는 말을 해야 한다는 것이다.

오늘날 산업화된 사회에서도 어른에게 경어를 사용하는 에티켓을 중요시한다. 서양사람들은 주로 어른의 성(姓)과 호칭(선생, 부인, 박사, 목사/신부, 의장, 위원장 등)을 붙여서 부르는 데 그치지만, 한국과 다른 동아시아 나라 사람들은 위와 같이 다양한 경어를 사용한다. 우리들의 언어 속에는 어른을 섬기는 뜻과 표현이 스며들어 있다.

어른이 알아듣기 쉬운 말, 전문용어가 아닌 말, 일반 사람이 알아들을 수 있는 말을 사용해야 하며 존경하는 마음이 말 속에 담기도록 조용하며 부드럽고 정확하게 말을 해야 한다.

어른과 대화할 때 유의할 점

다음에 특히 어른과 대화할 때 유의할 사항들을 몇 가지 적어 보겠다.

고령자는 일반적으로 말하는 것이 더디고, 한 말을 되풀이하며, 어떤 점에 대해 길게 이야기하는 경향이 있다. 어른이 말하는 것이 답답하고 지루하여도 그분을 존경하는 뜻에서 인내심을 가지고 긍정적으로 이를 받아들이며 다음 사항에 유의하면서 대화하는 것이 옳다.

* 먼저 대화할 노인 어른에게 정중히 인사하고 용건을 말한다.
* 부드러운 말씨로 조용하게 말을 한다.
* 공손하게 말을 이어 간다.
* 쉬운 말로 천천히 조리 있게 말한다.
* 어른이 말할 때 귀를 기울인다.
* 어른이 하는 말을 이해하기 위해 노력한다.
* 어른이 말하는 도중에 끼어들지 않으며 어른의 말이 끝나기를 기다린다.
* 질문할 때는 그분의 양해를 정중히 구한다.
* 대화 도중 자리를 떠야 할 때는 양해를 구한다.
* 어른의 청력을 파악해서 내가 할 말의 크기와 속도를 조절한다.
* 대화할 요건을 미리 정리해서 가능한 한 짧게 대화한다.
* 대화를 마치면 끝낸다고 말한 다음 인사하고 자리를 떠난다.

고령자는 청력이 약해져 다른 사람의 말을 명확히 듣지 못
하는 경우가 많다. 노인 어른과 대화할 때는 그분이 어느 정
도 다른 사람의 말을 들을 수 있는가를 파악해야 한다.

우리는 서양인과 달리 인사를 하고 나면 상대편의 개인적
신상(나이, 종교, 출신학교, 혼인상태 등)을 묻는다. 그 이유
는 내가 그분을 존경해야 할 정도, 대우할 정도를 파악하기
위해서 묻는 것이다.

"아니오", "안 됩니다" 등 부정적인 표현은 잘 사용하지 않
는다. 우리는 당혹함, 충격, 노여움을 웃음으로써 감추는 성
향이 있다. 우리의 문화적인 관습이다.

:: 존댓말의 구분

앞서 지적한 바와 같이 경어는 세 가지로 나눌 수 있다. 존
경어(尊敬語), 겸양어(謙讓語) 및 친절어(親切語)이다.

존경어는 상대편 사람과 그의 행동이나 상태를 직접 존중
하는 말이다.

겸양어는 자신의 것과 나의 편에 속하는 것(예: 나의 가족,
나의 직장, 나의 업적 등)에 대해서 낮추어 말하여 상대적으
로 상대편을 추어올리는 말이다.

친절어는 말을 친절하게 하여 상대편에게 경의를 표하는 말이다.

:: 일본인들의 경우

우리와 같이 동아시아 문화권에 속하는 일본사람들이 사용하는 존경어는 우리가 사용하는 존댓말과 그 내용이 대체로 비슷하다.

그런데 일본의 지식층은 20세기 초부터 영국의 신사도(gentlemanship)를 도입하여 주로 공중도덕을 높이는 데 영향을 끼쳤다. 그래서인지 일본인은 사람에 대한 인사성이 높다. 예를 들어 조금이라도 남에게 폐를 끼치거나 불편을 주면 즉시 사과하는―미안하다고(“스미마셍”) 하는―에티켓을 잘 지킨다.

다음에 일본사람들이 흔히 사용하는 존경어의 예를 몇 가지 들어 보고자 한다.

가장 흔히 사용하는 존경어는 ‘산(San)’이다. 같은 신분 또는 연령의 사람에게 사용한다. 영어의 Mr., Miss, Mrs. 또는 Ms.와 상통하는 말이다. 공식적 또는 비공식적 맥락에서 널리 사용된다.

형제를 부를 때 ‘오니―산’ 또는 ‘니―산’이라고 ‘산’을 붙여서 애칭같이 부른다. '산'은 애완동물 이름 끝에 붙여 쓰기도 한다.

다음 흔히 쓰는 말은 '찬(Chan)'이다. 이 접미어(명사 뒤에 붙이는 말)는 어린아이, 어린이, 할아버지와 할머니, 십대 소녀 이름 다음에 붙인다. 그리고 예쁜 동물이나, 애인, 가까운 친구 또는 젊은 여성 이름 다음에도 붙인다. 어른 이름 다음에 붙이면 그분의 격을 낮추어 실례가 된다(예로 '덴-찬'이라고 하면 일본 천황을 낮추어 부르는 말이다).

또한 흔히 사용하는 말로서 '사마(樣, Sama)'가 있다. 위의 '산'보다 더 존경하는 접미어이다. 보통 나보다도 훨씬 위의 사람을 부를 때 그분 이름 뒤에 '사마'를 붙인다. 우편물에 주소를 기입하고 받는 사람 이름에 붙여 쓰기도 하고 공무로 보내는 서신에 적는 수신인 이름 다음에 붙이기도 한다. '사마'는 또한 오랫동안 일을 해서 수고한 사람에게 '고꾸로-사마'(수고했습니다)라고 붙여 쓰기도 한다. 오래 기다린 사람에게도 '오마치도-사마'라고 하고, 선배님을 '센빠이-사마', 후배님을 '고하이-사마'라고 부르기도 한다.

선생(先生)-'센세이'는 선생, 의사, 변호사, 유도선생, 검도선생, 정치가 등 권위가 있는 사람의 이름 다음에 붙인다. 이런 사람을 부를 때 간단히 '센세이'만을 사용하기도 한다.

'시'(氏, Shi)는 공식적인 서신이나 글에서 존경하는 사람의 이름 다음에 붙인다.

회사의 부장을 '부쪼-상'(Bucho-san), 과장을 '가쪼-상'(Kacho-san)이라고 직위 다음에 '상'을 붙인다. 우리 회사를 겸손하게 '해이샤'(弊社, Heisha, 쓸모없는 회사)라 하고 상대편 회사를 높여 '기샤'(貴社, Kisha, 귀한 회사)라고 부른다.

성직자를 부를 때 스님을 '호시'(法師, Hoshi), 신부를 '신뿌'(神父, Shinpu), 목사를 '보구시'(牧師, Bokushi), 신또의 사제를 '시사이'(司祭, Shisai)라고 부른다.

가족을 부를 때의 존댓말

가족원을 부르는 단어 다음에 '상'을 붙인다.

아버지: '오또-상'
어머니: '오까-상'
할아버지: '오지-상'
할머니: '오바-상'
형님: '오니-상'
누님: '오내-상'

말끝에 '라레' 또는 '레루'를 붙여 경의를 표한다.

"그 영화를 보셨습니까?"
→ "소노 애이가오 미라레마시타까?"

"몇 시에 일어나셨습니까?"
→ "난지니 오끼라레마시타까?"

단어 앞에 '오' 또는 '고'를 얹어 경의를 표한다. 이 방법은
위의 방식보다 더 강하게 경의를 나타낸다.

"한국으로 언제 출발하십니까?"
→ "강꼬꾸니와 이츠 오다찌니 나리마스까?"
"자유롭게 사용하십시오."
→ "고지유니 츠깟데 구다사이마세."
"피곤하시지요?" → "오츠까레니 나리마시따데쇼?"

기타 경어

오, 御(고), 貴(기)를 단어 앞에 붙여 경의를 표한다.

오나마에(성명), 오토시(연령), 고로진(어르신, 노인), 기샤
(貴社), 기고꾸(貴國), 기꼬(貴校)

겸양어

拙文, 拙者, 拙稿, 粗品, 弊社, 愚息, 小生, 微力 등 한국에서 사
용하는 겸양어와 같다.

친절어

‘데스’, ‘마스’ 또는 ‘고사이마스’를 문장 끝에 붙여 친절을
나타낸다.

바쁩니다 → “이소가시 – 데스”
돌아옵니다 → “카엣데 키마스”
여기입니다 –> “고꼬데 고자이마스”

명함

처음 자기를 소개할 때는 명함(business card)을 준다. 일본
사람들도 명함을 많이 사용한다. 명함은 첫째로 나의 성명을
분명히 알리고, 내가 하는 일, 나의 연락처, 그리고 내가 속하
는 단체나 그룹에서의 나의 지위와 책임 등을 알릴 수 있다.
명함은 여러 장(100~200장) 준비해 가도록 한다. 일본어로
번역하여 인쇄해서 가지고 가는 것이 현명하다. 명함은 중요
한 역할을 하기 때문에 조심스럽게 준비하고, 받을 때는 겸손
하게 두 손으로 받아 정중하게 다루는 에티켓을 보여주어야
한다.

중국은 예를 숭앙하는 동아시아 문화의 발상지이다. 시대의 변천에 따라 중국사람들이 사용하는 존댓말도 단순화되는 경향이다. 그러나 아직도 존댓말이 다양하게 사용되고 있다. 중국사람들의 경어 사용도 한국과 일본사람들같이 사회적 계층과 지위에 따라 다르다.

그리고 나와 나의 편에 대해서는 겸손과 양보의 뜻으로 낮추어 말하고 상대편에 대해서는 존중과 추대의 뜻으로 높여 말한다.

중국말에는 문법상의 어형 변화가 없다. 즉 명사, 대명사, 형용사의 성, 수, 격에 따른 변화가 없는 것이다.

그래서 한국어 및 일본어와 존댓말 사용에서 다르다. 중국말에서는 접두어와 접미어를 붙여서 존경을 나타낸다.

예로 "請問你姓甚麼?"(당신의 성명은 무엇입니까?)라는 질문은 나의 친구나 나와 동등한 지위에 있거나 낮은 지위에 있는 사람에게 하는 질문인데, 이때는 너를 '니'(你: 당신, 너)라고 한다. 이 글자는 나보다 위의 사람에게 사용할 때는 바꾸어야 한다. 즉 '닌'(您)으로 한다. "請問您姓甚麼?" ['닌'(您): 당신의 존칭은 나보다 위에 있거나 존중해야 할 사람에게 사용한다(보통 '무엇입니까': 甚麼, '섬머'는 생략한다).] 그리고 존경할 사람의 성 앞에 貴(존귀함: '귀이')를 붙여 "請問您貴姓(징웬닌귀이싱)?"라고 말한다. 즉 "귀하의 존귀한 성명을 말씀해 주십시오"라는 말이다.

다음에 흔히 사용되는 존댓말의 몇 가지 예를 들어 보기로 한다.

중국어에서는 보통 나(我, I, myself)는 사용하지 않는다. 그러나 윗사람과 이야기할 때는 나(낮추어 부르는)를 사용한다.

'나'를 낮추어 부를 때

愚(유): 현명치 못한 사람
敝(비): 부족한 사람
鄙(비): 값없는 사람
小人(샤오렌): 바탕이 적은 사람
小生(샤오셍): 작게 자란 사람
晚學(완수): 공부가 늦은 사람
不肖(부샤오): 당신을 올바르게 존중하지 않은 사람
下官(시야구안)/末官(모구안): 아랫자리의 관리
卑職(베이지): 변변찮은 일을 하는 사람

나의 가족을 부를 때

小家(샤오지아): 나의 작은 집
小兒(샤오얼): 나의 작은 아이
小女(샤오누): 나의 작은 딸
內子(내이지): 나의 집안의 처
拙夫(쥬오후): 나의 낮은 남편

중요한 사람을 부를 때

先生(시안셍): 선생님
老師(라오시): 선생, 교사
女士(누시): 부인, Madam
夫人(후랜): 여사, Mrs.
博士(보시): 박사학위 소지자
醫生(의셩): 의사
法師(화시)/道長(다오장): 스님(불교)
神父(센후): 신부(천주교)
牧師(무시): 목사(기독교, 개신교)
本官(벤구안): 관직을 가진 나
老夫(라오후): 연로한 나
老身(라오셴): 고령의 나(여성노인이 자신을 부를 때)

존중하는 가정을 말할 때

賢家(시안지아): 훌륭한 집안
賢郞(시안랑): 훌륭한 젊은 사람
仁兄(렌시옹): 인자스러운 형(당신)
丈老(장라오): 노인장/노인어른
太父(타이후): 조부님/할아버님
太母(타이무): 조모님/할머님

존경하는 사람의 돌아가신 부모님을 부를 때

先考(시안가오): 돌아가신 아버님
先慈(시안치): 돌아가신 어머님

先賢(시안시안): 돌아가신 현명하신 어른

존경을 표시하는 접두어 및 접미어

本(벤) → 本人(벤랜)(나 자신)
敝(비) → 弊校(비쇼)(나의 좋지 않은 학교)
君(준) → 王君(왕준)(왕군)
兄(시옹) → 杜兄(두시옹)(두형)
公(공) → 吳公(우공)
先生(시안셍) → 張先生(장시안셍)
前輩(키안배) → 金前輩(진키안배)
시(시) → 李氏(리시)

:: 서양사람이 사용하는 존댓말

동아시아 말에 비교하면 서양사람이 사용하는 존댓말은 단순하다. 동아시아 사람들도 한국어, 중국어 또는 일본어로 존댓말을 하기가 어렵거나 불편할 경우 상대편이 영어를 알면 영어로 말하는 경우가 있다. 영이는 존댓말의 표현이 단순하기 때문이다.

다음은 영어로 경어를 사용하는 예이다.

영어의 존댓말은 상대편 성명 바로 앞에 붙인다. 남성과 여성인 성인(成人)에게 사용하는 존댓말로써 'Mr.'(남성),

'Mrs.'(기혼여성), 'Miss'(미혼여성) 및 'Ms'(여성)를 들 수 있다. 그리고 중성(中性) 성인에게 사용하는 존댓말은 'Mx'이다.

이 밖의 존댓말로서 존경하는 사람의 직업에 따라 다음을 사용한다. 예로 'Dr.'(Doctor: 의사 또는 박사학위소지자), 'Capt.'(Captain: 남녀 비행사 또는 선장), 'Coach'(남녀 운동감독), Officer(남녀 장교), 'Rev.'(Reverend: 성직자: 신부, 목사, 스님), 'Father'(가톨릭 신부 또는 성공회신부), 'Prof.' (Professor: 교수)를 성명 앞에 붙인다.

서신이나 문서에는 Ph.D., M.D., D.D.S., M.A., M.S., M.S.W., M.P.H. 등 학위 또는 전문직 자격의 약자를 이름 다음에 붙인다. 이런 자격은 어른이 젊은이의 성명을 기록할 때도 붙인다. 젊은 사람을 존중하는 뜻에서이기도 하지만 공식적인 관례가 그렇게 하기로 되어 있다.

어떤 존댓말은 상대편의 이름을 전혀 붙이지 않고 존댓말만을 사용한다. 예로 'Sir' 또는 'Madam'이다. Sir는 남자에게 말을 건넬 때 사용하고 Madam은 여성에게 사용한다. 비슷한 경어로 'Your Honor'라는 말도 있다. Sir, Madam 또는 Your Honor라고 하고 대화를 시작한다. 이 존경어는 군대에서는 하급장교 또는 사병이 상급장교에게, 민간에서는 상당히 높은 사회적 또는 정치적 지위에 있는 사람에게, 그리고 매우 존경을 받는 지도자에게 말할 때 사용한다. 이런 분들에게 대답을 할 때는 "Yes, sir" 하고 말을 이어 간다.

법정에서 판사를 부를 때 'Your Honor'라고 하고, 다른 사람과 이야기할 때는 판사를 'His/Her Honor'라고 부른다. 두 사람 이상의 판사들(복수)은 'Your Honors'이다.

참고로 왕과 왕후를 부를 때 사용하는 'Your/His/Her Majesty', 'Their Majesties' 등 호칭이 있다. 왕의 지위 아래 왕족은 'Your/His/Her Highness'이라 한다. 남녀를 구별해서 남자왕족은 'His Serene Highness', 여자왕족은 'Her Grand Ducal Highness'(Grand Duchy 이상의 위치에 있는)라고 부른다.

음악계에서는 유명한 지휘자와 기악가를 'Maestro'라고 부른다.

공식 서류, 초대장, 증빙서류 등에 이런 호칭을 붙여서 기입한다. 미국에서는 반드시 이 호칭을 사용하지 않아도 된다. 변호사 이름 다음에 'Esq.'라는 호칭을 붙인다. 이 호칭도 반드시 붙이지 않아도 된다.

영어를 사용하지 않는 서양나라들에서도 존댓말은 위와 같은 형식에 준힌디.

*　*　*　*　*

존댓말을 사용하는 것은 섬김의 에티켓이다. 어른도 젊은 사람을 존중하는 경우가 흔히 있다. 즉 젊은 사람에게 칭찬을 해 주고 감사의 뜻을 전하는 것이다. 따라서 존댓말을 해서 섬기는 것도 서로 섬김의 한 방법이 된다.

서양문화권에서 통용되는 존댓말은 주로 호칭을 사용하는 데 지나지 않아 동아시아 사람들이 사용하는 다양하고 세별된 존댓말과 대조된다.

한국어를 비롯한 동아시아의 언어에는 존경하는 말이 들어 박혀 있다. 단어뿐만 아니라 구절, 문장, 글 전체 속에 존경하는 뜻이 들어 있다. 동서양의 문화적인 차이가 존댓말 방식에서 뚜렷이 나타난다.

제5장

'외모'로 섬김
[섬김방식 3]

　의복을 단정하게 입고 머리를 깔끔하게 빗고 화장을 평범하게 하고 공손한 외모를 갖추어 존경하는 분에게 섬김의 뜻을 보이는 방식이다.

　이 방식은 우리 문화에서 세대 간에 지켜져야 할 하나의 규범으로 되어 왔고 새 시대에도 노소세대가 서로 지켜야 할 에티켓으로 되어 있다.

　형식과 의식 같은 상징적(象徵的)인 것을 중요시하는 동아시아 문화에서 외모를 갖추는 것은 사회적 교환을 하는 데 있어 지켜야 할 기본 에티켓이다.

　전통적인 예의범절에 관한 규칙을 기술해 놓은 예기(禮記, 內則 하 12, 冠義)에는 사람의 외면적 표현(외모)인 몸가짐의 중요성이 지적되어 있다.

그리고 논어(8, 4; 10, 2)에는 용모를 갖추고, 안색을 바르게 하고, 의복을 반듯이 입고, 모습을 단정하게 하여 예의를 지킬 것을 강조하고, 예의의 시작은 외관을 정중하게 갖추는 것이라고 했다.

외모를 갖추는 데 대해서는 위의 구절 외에도 경전 여러 군데서 지적되어 있다.

이 말들은 우리 조상이 지켜 온 동아시아적인 에티켓을 가르쳐 주는 교훈이다.

이 뜻을 따라 우리 문화에서는 외모 갖춤이 나와 나의 가족 체면과 위신에 관계되는 중요한 예의라고 보고 있다.

나의 옷차림과 용모는 나의 사회적 자격을 나타내고, 나에 대한 사람들의 신뢰감을 조성하며, 나의 다른 사람에 대한 존경을 나타내는 중요한 비언어적 커뮤니케이션이다. 사람들은 나의 외관을 보고 나에 대한 첫인상을 가지게 된다.

첫인상은 바꾸기 어려운 것으로서 오랫동안 사람들의 기억에 남게 된다. 좋지 않은 첫인상은 좋은 관계를 이룩하는 데 장애요인이 될 수 있다.

첫째, 용모를 단정하게 한다는 것은 자세와 태도를 바르게 하고 걸음걸이를 가볍게 하며 머리를 다듬고서는 사람들을 만나는 것이다. 모습은 사람의 마음을 반영하는 것으로서 항상 바르게 가지도록 노력해야 한다.

위에 지적한 바와 같이 2,500여 년 전에 공자도 용모를 갖추는 데 대해서 걱정했던 것이다. 얼굴 모습도 고르게 해야 한다. 웃을 때 이가 드러나지 않게 하고, 이상한 얼굴 표정을 하지 않으며, 슬픔도 몸을 가누어 표현하도록 노력하는 것이다. 그리고 말을 하는 데 조심하고, 인사를 바르게 하고, 사람에게 부탁을 할 때는 예를 갖추어 한다. 이렇게 하는 것이 여러 사람과 어울려 사는 사회인으로서 마땅히 지켜야 하는 에티켓이다.

문화적 관행

외모를 중시하는 관습은 동아시아 문화에서는 시대의 변천에도 불구하고 여전히 널리 지켜지고 있다. 흔히 형식적이라고 하지만 이는 오랜 문화적 관행이라 바꾸지를 못하는 것 같다.

어른도 역시 젊은 사람들을 대할 때 이 방식을 사용한다. 예를 들어 부모가 집안의 젊은 사람들이 베푸는 향연이나 모임에 임할 때, 교사가 학생들 앞에서 강의할 때, 사장이 직원들 앞에서 훈시할 때 용모를 단정히 하고 복장을 바르게 입고 간다.

이러한 용모갖춤은 세대 간에 이루어지는 서로 섬기는 예이다.

의복과 함께 머리 모양, 장신구, 보석, 신발이 사람의 총체적 외모를 이룬다. 이런 것들이 모두 보기가 좋아야 하고, 잘 다듬어졌고, 어긋나지 않으며, 지나치지 않고, 일반적인 관행에 맞는 것이라야 한다.

머리와 얼굴을 도에 넘치지 않게 다듬는 것은 나 자신을 존중하는 뜻이 있을 뿐만 아니라 다른 사람에 대한 존경심을 나타내는 것이기도 하다. 머리와 몸에서 냄새가 나지 않도록, 입에서 악취가 나지 않도록, 손톱이 길지 않고 지나치게 치장이 되지 않도록 주의해야 한다. 이런 개인적인 문제는 다른 사람에게 폐를 끼치며 사회관계를 이루는 데 지장이 된다.

공적인 모임에서 남자는 보통 보수적인 약간 흐린 검정색, 회색, 곤색의 정장을 한다. 여성도 역시 검정색, 곤색에다 흰 블라우스를 입는 게 보통이다. 윗도리는 앉아 있을 때를 제외하고는 항상 단추를 하나 이상 잠그고 착용한다.

짙은 검은색은 힘을 상징하며 곤색은 권위를 상징한다. 희색은 성공과 신뢰성을 상징한다. 어떤 색은 문화에 따라 다른 뜻을 가진다. 따라서 색을 고를 때는 조심해야 한다.

중국에서는 흰옷을 입는 것을 삼가야 한다. 흰색은 장례와 관련된다. 사실 대다수 나라들에서 흰색은 장례 때 입는 것으로서 슬픔과 관련된다. 중국에서는 붉은색이 행운과 연관된다. 그러나 한국에서는 붉은색을 별로 좋아하지 않는다. 대다수 나라들에서는 business와 관련된 모임에는 남녀 모두가 보수적인 복장을 하고 간다. 중국, 한국, 일본 등 동아시아 나라들에서는 서양식 양복에 넥타이를 착용한다. 초대되어 갈 때는 방에 앉아야 모임을 가질 경우가 있기 때문에 깨끗한 양말과 손질한 신발을 신고 가야 한다.

사교를 위한 모임이나 행사에 갈 때는 그곳의 관례에 따른 복장을 하는 것이 좋다. 예의와 관례를 미리 알아보고 간다. 초대자 또는 그 지방 사람들에게 문의하는 것이 좋다. 편리하면서도 모나지 않은 옷차림을 택하도록 한다. 그 지방의 문화적 관습을 존중해야 한다.

올바른 매너를 가진다는 것은 농담이나 우스갯소리를 하지 않는 것을 의미하지 않는다. 알맞은 때, 때에 맞게 하는 우스갯소리는 에티켓을 벗어나는 것이 아니다. 상대방이 나에게 우스갯소리 또는 농담을 할 때는 화를 내지 않고 받아들이는 것이 좋다. 그리고 예를 갖춘다 하여 상대편에게 지나치게 공손하고 친절하거나 저자세를 취하는 것은 옳지 못하다.

우리 문화에서는 어린아이가 자라날 때 이들이 가정 밖 바른 용모를 갖추도록 옷을 반듯이 입히고 머리를 빗어 주고 신발을 갖추어 준다. 부모의 체면과 가족의 명예를 손상치 않도록 부모에 따라서는 외모를 갖추는 데 상당히 신경을 쓰며 강하게 훈육한다. 일종의 가족적인 압력을 가하는 것이다.

이러한 가족적 영향을 받고 자란 어린이는 성인이 되어 용모(매너) 에티켓을 지킬 뿐만 아니라, 신체적으로 부자유한 노부모의 외모를 꾸며 드리고 그분에게 편리하고 알맞은 의복을 골라 입혀 드리고 색깔과 모양이 좋은 구두를 맞추어 드리고 미용실에 모셔다 드리고 화장을 돌보아 드리는 경우가 많다.

세대 간의 서로 섬김은 외모를 하는 방식을 통해서도 실행할 수 있는 것이다.

:: 일본사람들의 경우

일본사람들은 사교적인 모임이나 공식적인 자리에는 보수적인 옷차림을 하고 간다. 남에게 좋은 인상을 주는 옷을 입는다. 남자는 검은색의 정장을 하고 넥타이를 맨다. 공적 모임에서는 캐주얼을 입지 않는다.

여성의 정장도 보수적이다. 될 수 있는 대로 쑬쑬하고 평범한 옷차림을 한다.

회사에서 착용하는 의복은 집에 벗어 놓고 더 공식적인 의복을 착용하고 모임에 참석한다.

일본에서는 음식점, 절, 가정에 들어갈 때는 신발을 벗어 놓기 때문에 벗고 신기가 편한 신발을 신고 가는 것이 좋다. 양말과 스타킹은 노출되기 때문에 깨끗한 것을 착용하고 가도록 한다.

일본사람들은 상대편의 이야기를 듣고 있다는 표시를 할 때 고개를 끄덕거린다. 그리고 상대편의 이야기를 부정할 경우에는 얼굴 앞에 손을 대고 좌우로 흔든다. 곤란하거나 당황할 때는 미소(웃음)를 짓는다. 이런 미소는 행복할 때 짓는 미소와 다르다. 동아시아적인 겸양과 갈등 회피의 표시인 것이다.

길을 걸을 때 입에 껌을 씹거나 무엇을 먹지 않는다. 대화하는 도중에 상기하거나 친밀감을 느껴 상대편의 손이나 등에 손을 대면 실례가 된다.

눈에 띄게 드러나는 동작을 하거나 손짓을 하거나 얼굴 표정을 지으면 실례가 된다. 웃는 것도 좋아서 웃는 경우가 있고 불쾌해서 웃는 경우가 있다. 일본사람이 미소를 짓는 경우는 대개 행복함을 뜻하지만 기분이 나쁘거나 거북할 때도 웃음으로 때운다.

일본사람은 정숙함, 즉 조용히 있는 것을 좋아한다.

:: 중국사람들의 경우

중국사람도 우리와 같이 체면을 중요시한다. 체면은 대체로 사람의 명예, 명성 또는 존경과 관련되는 것으로 본다.

중국인은 유교의 영향을 받아 온 사람들이다. 집단의식이 강하며 집단의 성원들과 화목을 유지하는 데 힘쓴다. 다른 사람들에게 폐가 되거나 난처하게 만드는 짓을 하지 않으려 한다. 집단 이익을 위하여 자신의 감정을 억제한다.

이런 습성은 공식적인 모임에서 중국인들이 침묵을 지키는 것을 보면 알 수 있다. 다른 사람의 의견에 반대하는 경우에도 공개적으로 자신의 반대의견을 털어놓지 않고 침묵을 지킨다. 반대를 공개적으로 하면 그 사람의 체면을 손상하기 때문이다.

중국사람들은 비언어적 대화를 상당히 많이 하는 편이다. 사회관계에서 화목을 중시하고 집단의식이 강하기 때문에 여러 사람들이 모인 데서는 주로 얼굴 표정, 음성 및 몸자세를 통해서 간접적으로 감정을 표시한다.

누군가 발언할 때 상을 찌푸리면 반대한다는 뜻으로 볼 수 있다. 대다수 중국인들은 이야기를 들을 때 피동적이다.

다른 사람의 눈을 주시하는 것을 불경스러운(존경치 않는) 동작으로 본다. 눈의 접촉을 피한다.

중국사람들과의 사교모임에는 정장을 하고 가는 것이 좋다. 보수적 정장을 하되 약간의 색깔이 있는 복장을 택하도록 한다. 중간 색깔의 의상을 선호한다. 여성은 대개 높은 굽이 달린 신발과 반팔 블라우스를 착용하지 않는다. 캐주얼 복장도 역시 보수적인 것을 좋아한다.

중국에서도 다른 사람의 몸에 손을 대는 것은 실례이다. 만날 때 보통 두 팔 거리 정도 떨어져 서는 것이 상례이다.

그러나 버스나 지하철을 타기 위해 기다릴 때는 서로 밀고 부딪히는 경우가 생긴다. 그렇지 않은 경우에는 몸가짐을 반듯이 한다.

동아시아의 예의범절이 중국에서 시작되었기에 중국인의 예의범절에 대한 관심은 예나 지금이나 다름없이 크다.

* * * * *

외모를 갖춘다는 것은 문화적 규범에 바탕을 둔 에티켓이다. 외모 에티켓은 어느 문화에서든 공통적으로 정당화되어 있다. 문화에 따라 다만 사소한 차이가 있을 따름이다.

이 외모를 갖추어 하는 에티켓은 어느 문화에서든 노소가 서로 존중하고 섬기는 기본예절이기 때문에 중요하게 다루어진다.

외모로 섬김은 체면, 품위, 화목, 감정 억제, 형식을 중요시하는 동아시아 나라들에서 시대의 변화에도 불구하고 공통적으로 널리 지켜시고 있는 에티켓이다.

한국, 중국, 일본 세 나라에서 매우 중요시하고 널리 실천되고 있기 때문에 섬김 에티켓을 발전시키는 데 외모로 섬기는 방식은 반드시 고려되어야 하겠다.

제6장

'선물'로 섬김
[섬김방식 4]

물질적 선물-돈, 의복, 음식, 생활용품 등-이나 비물질적 선물-편의, 혜택, 명예로운 역할 등-을 증여(贈與)하여 섬기는 방식이다.

선물은 우의(友誼)의 표시임은 물론 상대편을 원조하며 섬기는 뜻을 품고 있다.

예기(禮記)에는 선물을 하는 것이 어른을 대접하는 방법이라고 지적되어 있다(예기, 하 12). 자녀가 부모에게 선물을 당연히 해야 하는 데 대해 가르치고 있다.

이 섬김방식은 우리 사회에서 오랜 세월을 두고 행해져 온 문화적 관습이다. 이 관습은 다른 사람에게 애정과 돌봄을 베푸는 인(仁)에 바탕을 둔 한국적인 가치관의 표현이라고 볼 수 있다.

우리는 집안어른, 윗사람, 선생, 중요한 사람 등 존경하는 사람을 만날 때 무엇을 해 주거나 선물을 해야만 하는 심정, 주지 않으면 유감스럽고 마땅치 못하여 후회하는 성향을 가진다. 이런 성향은 주어도 그만, 아니 주어도 그만인 서양사람들의 관행과 대조된다.

선물도 역시 부모 또는 고령자가 자녀 또는 젊은 사람에게 주는 경우가 많다. 젊은이가 공부를 잘하도록, 그가 어떤 바람직한 일을 했기 때문에, 집안이나 그룹의 자랑이 될 일을 해서, 자녀에 대한 애정을 표시하려고, 앞으로 일을 잘하도록 격려하려고 선물을 한다.

이와 같이 선물로 하는 섬김도 세대 간의 서로 섬김방법이 되는 것이다.

선물을 하는 것은 뇌물로 보이기도 하고 에티켓으로 보이기도 하는 애매한 경우가 흔히 있다.

그래서 조심스러운 사람은 지나치게 비싸지 않아 상대편이 부담스럽게 여기지 않을 물건을 골라서 선물한다. 상대편에게 지나친 부탁을 하기 위하여 또는 상대를 매수하기 위해서 선물하는 것은 기본적으로 에티켓이 되지 않는다. 선물을 할 때는 상대편에게 폐단이 되지 않도록 이런 점을 조심스럽게 생각하고 해야 한다.

한국사회에서는 선물을 주는 일이 매우 잦다. 선물을 받는 사람은 이를 갚기 위해 준 사람에게 선물을 하기 때문에 선물 교환활동은 많아진다.

초대를 받아 갈 때나 어떤 단체를 방문할 때는 간단한 선물을 가지고 가도록 한다. 이런 관습은 동아시아 나라들에서 볼 수 있는 공통된 에티켓이기 때문이다.

고령자는 돈을 포함한 쓸모 있는 물건을 선물로 받는 것을 매우 즐거워하고 고맙게 여긴다. 뿐만 아니라 애정이 담겨 있는 카드, 꽃, 전에 찍은 사진, 건강에 관한 책 등을 받는 것을 좋아한다.

이와 같은 선물을 통한 존경 방식도 세대 사이에 진행되는 호혜적 섬김의 한 형식이다.

외국에 가서 사람을 처음 만날 때는 선물을 가지고 가면 우정으로 만나는 자세를 취할 수 있고, 개인적 및 직업적 관계를 시작하는 데 도움이 될 수 있다.

선물로서는 내가 사는 고장의 표시가 들어 있는 토산품이나 고장의 로고(logo)가 박혀 있는 물건이 적당하다.

선물은 질이 좋은 것이라야 하지만, 너무 값비싼 것이면 적당치 않다. 왜냐하면 받는 사람에게 부담을 주기 때문이다. 그 사람도 그만큼 비싼 것을 나에게 선물하게 만드는 것이다.

선물은 전달하고 나면 받은 사람이 그것을 바로 개봉하지 않는다. 일본과 중국의 경우와 같이 선물은 손님이 가고 난 뒤에 혼자 열어 보는 것이 관례이다. 그래서 선물을 주는 사람이 개봉해 보라고 권해도 대개의 경우 개봉하지 않고 둔다.

여러 사람들에게 선물을 할 때는 윗사람에게 값이 더 있는 것을 먼저 주고 아랫사람에게는 비슷한 물건이라도 값이 좀 싼 것을 주는 것이 관례이다.

선물은 잘 포장해야 한다. 밝은색 포장지를 사용한다. 노란색, 검은색 및 붉은색(중국은 제외) 포장지는 사용하지 않도록 한다.

작은 공예품, 책상 위에 둘 수 있는 기념품, 꽃, 과일, 케이크, 양질의 주류, 초콜릿이 좋다. 여자에게는 술을 선물하지 않는다.

칼과 가위를 선물하지 않는다. 이런 것은 서로의 관계를 끊는 것을 상징한다. 녹색 모자, 빨간색의 글자가 들어 있는 것, 4자를 상징하는 것은 죽음을 의미하기 때문에 금물이다.

같은 동아시아 문화권의 나라들은 선물을 하는 관습에 약간의 차이가 있기는 하나, 대체로 비슷한 선물 에티켓을 지키고 있다.

모두가 선물을 하는 데 있어 자기 나라 문화에 대한 애착심과 자부심이 강하며 사람을 존중하고 겸손하게 대하는 동아시아적 가치를 나타내려고 한다.

다음에 이들 나라 사람들이 선물을 하는 데 관해서 간략하게 살펴보고자 한다.

:: 일본사람들의 경우

선물을 하는 것은 일본문화 깊숙이 스며들어 있는 에티켓이다. 선물은 존경을 나타낼 뿐만 아니라 우정, 칭찬, 감사, 명예를 전달하여 섬기는 역할을 한다.

일본에서는 처음 만날 때는 거의 관습적으로 선물을 주고받는다. 그래서 일본사람의 초대를 받고 처음 만날 때는 선물을 준비하고 일본식 선물 에티켓을 치러야 한다.

흔히 상대편에게 선물을 주겠다는 말을 미리 해 놓는다. 참석한 모든 사람들에게 주지 않고 한두 사람에게만 선물할 때는 이들에게 따로 주어야 한다.

일본사람은 선물을 조용히 저자세로 준다. 현금을 준다든지 회사마크가 든 물건을 주는 것은 좋아하지 않는다. 현금은 결혼식이나 장례식에서 인쇄된 봉투에 넣어 준다.

방문이 다 끝난 뒤 그 집을 떠날 때 선물을 전한다. 일본에서 선물을 받고 나서 바로 여는 것은 실례이다. 친구 사이면 열어 보아도 되겠느냐고 양해를 구하고 연다.

공무나 사업목적으로 방문하는 경우는 주거지나 근무처의 logo나 표시가 들어 있는 물건을 선물하는 것이 좋다.

일본인은 일반적으로 값비싼 물건을 선물하지 않는다. 선물을 받고 답례로 상대편에게 선물할 때는 받은 선물의 값보다는 좀 싼 값의 것을 골라 하는 것이 좋다. 그가 나에게 더 좋은 것을 주었다는 겸손한 태도를 보이려는 것이다.

상대의 지위와 신분에 비등한 질과 값이 있는 것을 선택하는 것이 좋다. 주고 난 뒤에 지위가 낮은 사람에게 준 선물과 높은 지위의 사람에게 준 선물이 같은 것을 알게 되면 실례가 된다. 우편으로 보내지 말고 직접 만나 인간적인 접촉을 통해서 주도록 한다.

선물을 주고받을 때는 두 손으로 하는 것이 예의이다. 선물은 받고 나서 혼자 있을 때 개봉한다. 이 점은 중국사람의 경우와 같다.

선물은 색이 있는 종이로 포장해서 준다(흰 종이로 해서는 안 된다. 흰 종이는 죽음을 뜻한다). 일본사람들은 화창한 색을 좋아하지 않는다. 될 수 있으면 방문자가 살고 있는 고장의 산물이라는 표시가 달린 선물을 그 고장의 표시가 있는 포장지로 포장해서 주는 것이 좋다. 선물을 포장하는 데 신경을 써야 한다. 호텔이나 상점에서 포장을 하는 데 도움을 받도록 한다. 자신이 포장할 때는 가벼운 색의 포장지를 사용한다. 검은색, 흰색, 회색, 요란한 색의 포장지는 사용하지 말도록 한다.

일본에서는 일 년에 두 번 보너스를 받는데 이때 선물을 교환한다. 여름철(오시애보)과 연말(오추갠)이다.

선물을 고를 때 4글자나 이 글자가 그려진 것은 절대 고르면 안 된다. 4(四)자는 죽음(死)과 같은 음을 내며 9(九)자는 불행을 상징하는 글자로 본다. 일본사람들은 4라는 글자를 매우 회피하기 때문에 병원에도 4자가 든 병실이 없다.

병원에 문병을 갈 때는 실과나 꽃을 가지고 가는 것이 좋다. 그러나 백합, 연꽃, 동백꽃은 피하도록 한다. 이 꽃들은 장례와 관련되기 때문이다. 화분의 나무도 불운을 의미한다. 화분의 나무는 병이 나면 그 병의 뿌리를 깊이 한다고 믿는 사람들이 있다.

:: 중국사람들의 경우

중국에서는 사람을 처음 만날 때 반드시 선물을 할 필요는 없지만 간단한 물건을 준비해 가는 것이 좋다. 자기가 살고 있는 지방의 특산물, 근무하는 회사나 단체의 로고가 박혀 있는 펜이나 컵, 문진, 공예품 같은 것을 선물할 수 있다. 지나치게 값진 선물은 상대편을 당황하게 하거나 난처하게 만든다. 즉 상대편에게 그런 비싼 것을 나에게 선물할 의무를 지게 하기 때문이다. 모임에 참석할 때 선물을 가방 안에 넣어 가지고 가서 상대편으로부터 선물을 받으면 바로 선물할 준비를 갖추도록 한다. 중국에서는 선물을 포장하는 데 붉은 색깔의 종이를 사용하는 것이 좋다.

선물을 받는 사람은 처음 1~2분 동안 두세 번 사양을 한다. 중국사람들의 겸손과 사양의 문화적 가치를 반영하는 제스처이다. 내가 선물을 받을 때도 이런 겸손한 태도를 보이는 것이 에티켓이다.

다른 동아시아 나라에서와 같이 탁상시계, 손수건, 흰색 꽃은 선물로 하지 말아야 한다. 이런 것은 죽음과 연관이 있는 것으로 본다. 또한 가위, 칼, 기타 끊는 도구는 관계를 끊는 뜻을 품고 있어 선물로 하지 않아야 한다. 이런 관습도 남에 대한 염려, 즉 동아시아의 인간관계 중심적이고 이타적인 가치의 표현이라고 볼 수 있다.

8자가 표시된 선물을 받으면 행운이 온다고 고맙게 여긴다.

선물을 받으면 바로 열어 보지 않고 나중에 혼자 열어 본다. 이 점은 받으면 바로 열어 보는 서양사람들과 다르다. 주는 사람과 받는 사람에게 조금이라도 마음을 거북하게 하지 않으려는 겸손에서 오는 행위이다.

:: 타이완, 홍콩, 싱가포르의 경우

이들 세 나라들은 중국인들이 주종을 이룬다. 선물을 주고 받는 것은 이들에게도 사회관계를 이룩하고 유지하는 데 지켜야 할 에티켓으로 되어 있다. 대체로 중국에서 볼 수 있는 선물 교환관습이 행해지고 있다.

대만에서는 너그럽게 선물하는 관습이 있다. 외국사람들은 이에 대비해서 선물을 준비해 가는 것이 좋다.

이들 나라에서도 선물을 할 때 사회적 계층과 체면을 중요 시한다. 따라서 선물도 이런 점을 고려해서 값이 다른 것들을 준비해야 한다. 값이 비싼 것은 윗사람에게 주고 값이 싼 것은 아랫사람에게 주는 것이다.

숫자에 신경을 써야 한다. 3, 8, 9는 행운의 수로 보고 있다. 따라서 이런 숫자들이 나타나는 선물과 포장지를 사용하는 것이 바람직하다. 중국말로 3은 생명, 8은 번영, 9는 영원과 비슷한 발음을 하기 때문이다. 4자는 죽음(死)과 같은 발음을 하기 때문에 피해야 한다. 2, 6, 10 같은 우수는 행운을 뜻한다. 그래서 선물은 짝(쌍: 우수)으로 주는 것이 좋다.

그러나 싱가포르의 인도계 가정에게는 우수가 아닌 기수를 나타내는 선물을 해야 한다. 그리고 탁상시계, 칼, 가위, 편지개봉칼 등 자르는 것은 역시 피해야 한다.

이들 나라에서도 받은 선물은 주는 손님 앞에서 열지 않는 것이 관습이다.

선물은 포장을 하는 것이 관례이다. 그 이유는 받는 사람이나 주는 사람이 주고받는 선물이 값이나 질에서 차이가 나면 서로의 체면을 손상할 수 있기 때문이다. 겸손과 양보의 미덕을 나타내는 관습이다. 포장지는 금색과 붉은색을 좋아한다. 검은색과 흰색은 피하도록 한다. 말레이시아계 사람들은 붉은색과 녹색을 선호한다. 그러나 꽃이나 팬을 선사할 때는 붉은색 종이로 포장하지 않아야 한다.

선물을 받으면 처음에는 사양하는 태도를 취하는 것이 이들 나라에서도 에티켓이다. 몇 번 권유를 받은 뒤에 이를 받는다.

홍콩과 싱가포르는 영국통치하에서 다년간 발전한 나라이지만 중국문화의 영향이 워낙 팽배하여 중국 본토에서 볼 수 있는 선물 에티켓이 대체로 지켜지고 있다. 하지만 다문화 국가인 싱가포르에서는 종족들 사이에 문화적 차이에 따른 차이가 있어 이 점을 유의해야 한다.

:: 기타 나라들의 경우

동아시아 문화권이 아닌 나라들에서 지키는 선물 에티켓

에 관해서 몇 가지 알아보고자 한다.

서양사람들은 일반적으로 동아시아 사람들같이 의식적(儀式的)이고 의례적으로 선물을 교환하지 않는다. 이 사람들의 문화가 개인주의적이라서 나 중심으로 살고 있어 그런지, 부유하게 살고 있어 그런지, 아니면 인(仁)과 같은 다른 사람에게 베푸는 전통적인 가치관이 희박하기 때문인지?

영국, 독일, 프랑스, 이태리, 스웨덴 등 거의 모든 유럽 사람들은 다른 사람으로부터 선물을 받기를 기대하지 않는다. 받아도 되고, 아니 받아도 되는 것이다.

다만 생일, 크리스마스, 세례식, 결혼 때에는, 초대주가 손님에게 선물을 한다. 그리고 초대를 받은 사람은 꽃(여성에게)과 와인(남자에게)을 가지고 간다.

그런데 이들 유럽 사람들은 회사의 logo가 들어 있는 물건과 시장에 많이 나도는 물건을 선물로 받는 것을 싫어한다.

유럽에서 우리 동아시아 사람이 식사나 연회에 초대를 받아 갈 때는 값진 문건이 아닌 평범하고 단순한 것으로서 출신지 또는 출신국의 기념표시가 들어 있는 물건을 선물하는 것이 예의를 표하는 데 알맞다고 본다. 그런 물건이 없을 때는 포도주나 초콜릿 같은 것을 선물하면 된다. 중요한 점은 성의껏 호의적으로 선물하는 것이다.

러시아에서는 선물로 노란색 꽃과 짝수의 꽃다발은 죽음

을 상징하기 때문에 금물이다.

이슬람 문화권에서도 선물을 중요시한다. 조심할 점은 만나는 사람의 부인에게는 선물을 하지 않는다. 고가의 선물은 피한다. 같은 이슬람 문화권인 인도네시아에서는 선물로 우산을 주면 다시는 보고 싶지 않다는 뜻이 된다. 우수(두 자릿수)가 붙은 선물을 좋아한다. 두 손으로 선물을 주고받으며 받을 때는 겸손하게 사양을 하고서 받는다.

*　*　*　*　*

동아시아 문화권에서 지켜지는 선물 에티켓과 다른 문화권의 선물 에티켓 사이에는 공통점들이 있는가 하면 차이점도 나타난다. 그리고 같은 문화권에서도 종족과 종교에 따라 미묘한 차이가 엿보인다.

이러한 차이를 우리는 문화적 차이라고 한다. 국내에서나 외국에서 다양한 나라들에서 여러 인종에 속하는 사람들과 교환할 때 이런 문화적 차이를 이해해서 수렴해야 한다. 이것이 곧 국제적 에티켓을 지키는 길이다.

선물로 하는 섬김은 동아시아 문화 속 깊숙이 스며들어 있는 문화적 관습이다. 즉 선물을 교환하는 데도 동아시아적 습성이 드러난다. 화목을 중요시하고, 체면을 지키고, 형식과 외형을 중요시하고, 감정을 표시하지 않는 등 성향이 나타나는 것이다.

물질적으로 풍요하게 된 동아시아 나라들에서 앞으로 이 섬김방식을 어떻게 새 시대의 생활환경에 알맞게 수정해 나가느냐 하는 과제가 남아 있다.

인류가 사회생활을 시작했을 때부터 있었을 것으로 추정되는 선물 교환은 앞으로도 중요한 에티켓으로 존속할 것으로 본다. 요즘 우리 사회에서 자주 보도되는 뇌물사건을 보아 보다 올바른 선물기법을 슬기롭게 개발해서 예절에 어긋나지 않게 활용할 필요가 있다.

제7장

'음식 대접'으로 섬김

[섬김방식 5]

음식을 대접해서 섬기는 방식이다.

음식을 대접해서 섬기는 것은 오랜 세월 동안 전해 온 우리의 관습이다.

효에 관한 이야기들에는 의례히 노부모에게 애써 구한 음식을 대접했다는 내용이 들어 있다.

자녀는 노부모의 식성과 기호에 따라 음식을 정성껏 장만하여 드리면서 섬긴다.

음식 대접은 섬기는 마음으로 해 드리지 않으면 예가 되지 못한다.

어른을 섬기는 데는 물질적인 서비스만을 해 드리는 것으로는 충분치 못하며 존경심과 온정이 깃들어 있어야 한다.

음식 대접은 부모와 어른이 자녀와 어린이에게 어릴 때부터 성인이 될 때까지 아니 그 후에도 그분들의 신체적 능력이 가실 때까지 정성으로 해 주는 섬김이 아닌가. 아마도 이 음식 대접이야말로 오히려 부모가 자녀에게 더 많이 해 주는 섬김이라고 해도 좋을 것 같다.

음식 대접은 사람들이 호혜적인 관계를 유지하면서 서로 섬기는 모습을 보여 주는 좋은 예(例)이다.

식사 때 유의할 점

가정 바깥의 사회활동에서 연회나 파티를 열어 회식하며 교제하는 것도 서로 섬기는 활동이다. 이런 섬김활동을 함으로써 친숙한 분위기 속에서 상대편을 개인적으로 알게 되고 앞으로의 교환을 진전시킬 수 있다.

처음 만날 때는 보통 상대편의 배우자는 회식에 초청하지 않는다. 특히 공무나 사업 때문에 만나는 경우는 다루어야 할 과업과 관계되는 사람만 만나게 된다.

회식을 하는 데 있어 다음 사항을 주의할 필요가 있다.

• 다른 사람이 잔을 채워 주는 것이 관례이다. 그래서 나도 다른 사람의 잔을 채워 주어야 한다. 여성은 남자의 잔을 채워 주지만 다른 여성의 잔은 채우지 않는 것이 상례이다. 더 이상 마시지 않으려면 잔에 마실 것을 남겨 두면

된다.

- 팁을 주지 말라는 사인이 있으면 팁을 주지 않도록 한다. 호텔에 따라서는 팁을 주는 데가 있으나 일반적으로 팁을 주지 않는다.
- 초대자가 정해 주는 자리에 앉는다. 대개의 경우 좋은 자리는 앞문을 바라볼 수 있는 자리이다.
- 좋은 자리에 앉도록 해 주면 고맙다고 사의를 표해야 한다.
- 식사를 하는 동안에는 말을 하지 않는다. 사교적 또는 사업과 관련된 대담은 식사가 끝나서 한다.
- 마실 것이나 먹을 것은 오른손으로 받는다.
- 초대한 사람이 음식 값을 지불한다. 그러나 누군가가 지불하겠다고 나서면 예외가 된다.
- 저녁식사가 끝나면 흔히 노래방에 가거나 2차 접대를 하는 경우가 있다. 함께 가서 어울리는 것이 좋다.

:: 일본사람들의 경우

일본사람들은 에티켓에 대해서 신경을 많이 쓰며 상당히 까다롭다.

이들은 손님 대접을 즐기면서 밤늦게까지 접대를 계속한다. 일본에서 사교적 목적으로나 사업목적으로 손님 노릇을 하려면 밤늦게까지 초대하는 측과 어울려 있을 각오를 해야 한다.

음식점에서 식사를 하고서는 사정에 따라 일찍 자리를 물러나야 할 때는 몸을 숙인 자세로 실례한다면서 자리를 떠야 한다. 참석자에게 공손하게 양해를 구해야 한다.

일본말 메뉴를 읽을 수 없어도 식당에는 각종 요리가 사진으로 전시되어 있기 때문에 원하는 것을 지적할 수 있다.

기본 음식은 보통 구운 생선, 백반, 국, 장아찌로 이루어진다. 그러나 이 밖에도 다른 나라에서는 맛보기 힘든 음식이 나온다. 이노스시(멧돼지), 사꾸라나베(말고기), 스스메(참새), 우스라(메추라기), 시까노사시미(사슴고기) 등이다.

초대자가 먼저 식사를 시작하면 손님은 따라서 한다.

여러 가지 음식이 순차적으로 하나씩 나온다. 여러 사람들이 식사를 할 때는 내가 먹을 만한 정도의 소량만 덜어 놓고 다음 사람에게 음식접시를 넘긴다. 제공하는 음식을 먹을 수가 없을 경우에는 '건강 때문에' 들 수 없다고 까닭을 말하는 것이 좋다. 이렇게 말해 둠으로써 서로 간의 체면을 유지할 수 있다.

서양에서는 국이나 죽을 먹을 때 소리를 내면 실례가 되나 일본에서는 소리를 내도 된다.

생선이나 닭고기의 뼈는 밥그릇 가에 모아 두면 된다. 식탁 커버 위에 두지 말아야 한다.

식사를 다 마쳤다는 표시로 그릇에 음식을 좀 남겨 두면 된다. 그렇게 하면 더 이상 서브하지 않는다.

식사가 끝나면 끝냈다는 표시로서 그릇의 뚜껑을 덮어 놓으면 된다.

초대자가 차(녹색 또는 갈색)를 대접하기 시작하면 식사 대접이 끝났음을 의미한다.

식사가 끝나면 흔히 가라오케로 가서 노래를 즐긴다. 이런 놀이에 함께 어울리는 것이 사교상 유리한 경우가 많다.

일본에서도 젓가락을 사용한다. 일본젓가락은 중국과 한국의 젓가락보다 짧다. 자세를 반듯이 하고 젓가락질을 해야 한다. 젓가락이 입에 먹을 것을 가져가야지 입이 젓가락을 따라가는 것은 모양이 좋지 않다. 젓가락질이 끝나면 젓가락을 놓는 받침에 얹어 두면 된다. 젓가락을 밥에 꽂아 두거나 그릇에 걸쳐 두지 말아야 한다.

다음에 식사 에티켓을 간략히 적어 보고자 한다.

• 초대자가 식사를 시작하면 손님들이 따라 식사를 한다.

• 식사를 할 때는 감사의 표현으로서 "이따다끼마스"(잘 들겠습니다)라고 한 후 든다.

- 간장을 밥 위에 부으면 안 된다.
- 밥/국그릇을 들어 입에 대고 먹어도 된다.
- 물이나 국을 마실 때 후루룩 소리를 내도 된다.
- 이쑤시개를 사용할 때는 손으로 입을 가리고 한다.
- 차에는 설탕을 넣지 않는다.
- 생선은 자기 접시에 떼어 옮겨 놓고 먹는다.
- 길을 걸어가면서 무엇을 먹거나 마시지 않는다.

차(茶) 대접 받기

일본에는 차도(茶道)가 있어 차를 마시는 것이 하나의 문화적 의식(儀式)이 되어 있다.

찻잔을 받으면 고개를 숙여 사의를 표하고 오른손으로 찻잔을 시계바늘 방향으로 한 번 돌려 가진다. 찻잔에 차를 부어 받으면 먼저 마시지 말고 주인이 마시면 따라 마신다. 마시고 나면 입을 댄 찻잔 부위를 오른손으로 닦는다. 차를 마시고 난 후 빈 잔을 주인에게 채우도록 줄 때도 오른손으로 가볍게 돌려서 준다.

차를 마실 때는 잔과 그릇을 손으로 들어 입에 대고 마시면 된다. 주변 사람들의 찻잔을 조심스럽게 보고 있다가 찻잔이 비어 있으면 곧 차를 부어 준다. 더 이상 마시지 않을 때

는 잔에 차를 남겨 두면 된다. 그렇지 않으면 옆의 사람이 자
동적으로 계속 부어 준다.

:: 중국사람들의 경우

중국사람은 외국인을 접대할 때 자기들 집에서보다 공공
장소(식당이나 요리 집)에서 한다.

초대를 받으면 영광스럽게 생각해야 한다. 사양해야 할 경
우는 나의 스케줄에 이미 선약이 있어 매우 유감스럽지만 참
석하지 못한다는 뜻을 전하는 것이 예의다.

연회나 식사모임에서 처음 만나면 한참 동안 이야기를 한
다. 날씨, 중국에 와서 즐기는 것, 앞으로 보고자 하는 것 등
에 대해서 이야기를 나눈다. 정치적인 이야기는 삼간다.

중국사람에게는 나이, 결혼상태, 자녀 수, 수입 등에 대해
서 물어보아도 좋다. 서양에서는 아니 하는 이런 개인적 사항
에 대해서 실문을 받으면 대답하기 싫을 때는 간접적으로 이
야기를 바꾸든지 웃으면서 대답을 하지 않으면 된다. 결코 대
답에 불응하는 태도는 보이지 않도록 한다. 상대편의 체면을
손상시킬 수 있기 때문이다.

중국에서도 식사를 함께하는 것은 사회관계를 성립시키는

데 필요한 일이다. 아침 식사보다는 점심이나 저녁 식사를 더 선호한다. 식사 때는 초대자가 지정해 주는 자리에 앉는 것이 관습이다.

주빈은 주인(host) 맞은편에 앉는다.

식사모임, 특히 연회에서 주인이 건배를 하고 난 후 식사를 시작한다. 주인이 식사코스를 먼저 시작하도록 하는 것이 에티켓인데 그 때까지 음식에 손을 대지 않도록 한다.

중국젓가락은 좀 길다. 상대편이 자기가 사용하는 젓가락의 반대쪽으로 먹을 것을 집어 주면 고맙게 받는다. 그릇 위에 젓가락을 놓으면 안 된다. 젓가락은 받침 위에 놓아야 한다(그릇 위에 두는 것은 죽음을 의미한다).

한 접시의 요리를 식탁에 앉은 모든 사람들이 다 같이 나누어 먹는다. 각각의 요리가 비록 입에 당기지 않더라도 조금씩 먹는 것이 에티켓이다. 그리고 접시에 먹을 것을 조금 남겨 둔다. 식사에 만족하고 있다는 표시이다.

중국 사람들은 식사 전에 그리고 식사 도중에 차를 마신다. 이것은 사교적인 뜻도 있고 소화를 도우려는 뜻도 있다. 손으로 집어 먹는 식사를 할 때는 물이 든 잔을 제공해 준다. 이것은 마시는 물이 아니라 손을 적셔 닦기 위한 것이다.

먹으면서 말하지 않는다.

본인의 잔(음료수 컵, 술잔)을 자신이 따르는 것은 금물이다. 옆의 사람이 따라 준다.

중국음식을 먹고 마실 때는 소리를 내도 괜찮다. 먹을 때 나는 소리는 맛있게 먹는다는 증표로 받아들인다. 식사가 끝나면 이쑤시개를 돌린다. 이쑤시개를 사용할 때는 한 손으로 입을 가리고 이 사이에 것을 제거한다. 식사 도중에도 이쑤시개를 사용한다. 먼저 먹은 음식의 맛을 제거하기 위한 것이다.

음식점에서 접대하는 경우에는 식사가 끝나기 전에 담당자에게 청구서를 요청한다.

실과나 디저트가 나오고 뜨거운 수건이 나오면 식사가 끝나 가고 있음을 알리는 것이다. 이때가 좀 지나면 손님들은 떠날 준비를 한다.

식사가 훌륭하다는 칭찬을 하고 떠난다.

초대를 받은 손님이 해야 할 에티켓의 내용을 간추리면 다음과 같다.

- 약속시간에 도착해야 한다.
- 집 안으로 들어가기 전에 신을 벗는다.
- 조그마한 선물을 가져간다.
- 음식을 맛있게 먹는다.
- 앉을 곳을 지정해 줄 때까지 기다린다.
- 주빈은 창문을 맞보는 자리에 앉는다.

- 초대자가 먼저 식사를 시작하면 따라서 한다.
- 식탁에 나오는 음식은 모두 먹어 보도록 한다.
- 식기에 남은 마지막 것은 먹지 않도록 한다.
- 옆의 사람이 필요로 하는 음식에 신경을 써야 한다. 나 혼자 다 먹지 않도록 한다.
- 주인이 건배를 제안한다.
- 뼈다귀는 식기에 놓지 말고 식탁 위에 두거나 다른 식기에 넣어 둔다.
- 그릇에 담긴 음식을 모두 먹어야 한다는 규칙은 없다.

:: 홍콩, 싱가포르, 타이완의 경우

대체로 중국의 경우와 비슷하다. 조심할 점은 이 나라들이 다문화 사회이기 때문에 사람들의 문화적 차이점에 유의해야 한다는 것이다.

다른 사람의 문화와 종교에 따른 차이점을 받아들여 존중함으로써 예의를 지켜야 한다.

불교신자는 고기를 안 먹고, 천주교신자는 수요일에 고기를 먹지 않으며, 힌두교신자는 고기와 생선을 안 먹고(꿀, 유제품은 먹음), 유태교신자는 조개류, 돼지고기, 돼지고기 가

공품을 안 먹는다(코샤고기와 생선은 먹음). 그릇은 코샤그릇이 아니면 종이접시를 사용한다.

홍콩에서 제공되는 만찬은 여러 코스를 거쳐 상당히 오랜 시간 계속된다. 보통 냅킨 대신 물수건을 사용한다. 모든 접시의 음식을 천천히 맛있게 먹도록 해야 초대자의 체면을 지켜 줄 수 있다. 생선은 초대 측에서 잘라 서브한다. 식사 중에 이 사이에 낀 것을 제거하기 위하여 이쑤시개를 사용해도 된다.

밥그릇을 입에 갖다 대고 먹어도 된다. 젓가락을 밥그릇에 꽂아 두면 안 된다. 접시에 조금 남겨 둔다. 초대 측에 식사를 충분히 했다는 표시를 하는 것이다. 식사가 끝날 무렵 볶음밥이나 우동이 나오는데 이것은 안 먹어도 된다. 먹게 되면 먼저 서브한 음식들이 별로 먹을 만한 것이 못 된다는 인상을 줄 수 있다. 홍콩에서는 초대자가 만찬의 비용을 다 지불한다.

싱가포르에서는 다른 동아시아 나라에서와 같이 사람을 사귀는 데 시간이 걸린다. 식사나 연회는 사람을 사귀는 장이다. 일반적으로 중국계 사람들은 매운 것을 좋아하고, 말레이시아계 사람들은 알코올을 마시지 않으며, 인도계 사람들은 소고기를 안 먹는다. 식사는 초대자가 젓가락을 들고 '드십시오'(請, ch'ing) 하고 청하면 시작한다. 식사는 초청자가 접시에 담아 주기 때문에 손님들이 손수 집어 갈 필요가 없다. 다만 가까이 있는 것만 덜어 온다. 싱가포르 사람들은 홍콩 사람들같이 닭고기의 검은 살을 좋아한다. 따라서 이런 고기를 대접받으면 존경을 받는 것이다. 채소는 생것으로 먹지 않고 익혀서 서브한다. 마실 때나 말을 할 때 젓가락은 놓는 받침에 얹어 둔다. 이들은 서양사람들같이 생수를 식사 때 마시지 않는다. 말레이시아계와 인도계 사람들은 스푼과 포크를 사용한다. 마지막 식사가 서브되면 곧 떠날 준비를 해야 한다.

타이완에서는 식사에 초대되면 정장을 하고 간다.

대개 연회는 여러 코스의 식사를 하면서 밤늦게까지 계속된다. 상당히 많고 훌륭한 음식을 대접한다. 식사가 훌륭하다고 칭찬하는 것을 잊지 말아야 한다. 타이완 사람들의 식사 에티켓은 대체로 중국 본토 사람들의 경우와 같다고 보면 된다.

:: 서양사람들의 경우

서양사람들도 교육 정도, 경제형편, 출신지역의 문화 등에 따라 식사 에티켓에 차이가 있다.

서양사람에게 한국음식을 대접할 경우에는 사전에 한국음식을 대접한다고 알려 주는 것이 좋다. 우리 음식은 보통 생선, 소고기, 닭고기, 돼지고기가 주된 자료가 되지만 매운 김치, 깍두기 등의 반찬이 올라가기 때문에 서양사람에게는 좀 자극적인 식사가 될 수 있다. 수저는 한국식인 것과 서양식인 것을 함께 제공하는 것이 좋다. 어느 것이든 그들이 편한 대로 선택해서 사용토록 하게 하는 것이다.

식사를 하면서 와인 또는 술을 서브할 때는 상대편의 기호와 주량 그리고 종교를 배려해야 하며 무리하게 권하지 말아야 한다.

서양사람들은 우리와 같이 윗사람을 따라, 또는 그룹과 함께 술을 마시는 버릇이 없고 개인적 사정에 따라 술을 마시고, 주량과 술의 종류도 개인적으로 결정하기 때문에 우리 식으로 권하지 말아야 한다. 술을 마시지 않을 경우에는 참석자들에게 그 이유로서 '건강 때문에' 또는 '종교적 이유 때문'이라고 알려 주는 것이 에티켓이다. 여성에게는 흔히 술 대신 주스나 소다수를 대접한다.

* * * * *

사람이 살아가는 데 필수적인 것이 음식이다. 음식을 나누면서 사교활동을 하는 것은 동서양에서 다 같이 널리 통용되고 있다.

식사 대접을 하는 데 있어서도 기본적인 것은 역시 서로 상대편을 존중하고 섬기는 것이다. 이런 기본 조건을 바탕으로 구체적인 식사 에티켓이 지켜지는 것이다.

동아시아 문화권에서는 대체로 비슷한 연회/식사모임 에티켓이 통용되지만, 문화가 다른 서양나라들과 다문화사회에서 지켜지는 에티켓과 대조하면 다소간의 차이가 있다.

초대되어 갈 때와 초대를 할 경우에 대비해서 그 지방의 식사 에티켓에 대해서 알아 두는 것이 좋다. 그 지방에 있는 한국식당이나 한국가정에서 연회를 열 경우에는 한국식으로 진행하면 되지만, 그렇지 않고 그곳의 식당이나 연회장에서 열 경우에는 그 지방의 에티켓에 관한 책을 참고하거나 초대연이 열릴 식당이나 연화장의 담당자에게 그 지방에서 지켜야 할 사항을 문의하도록 한다.

사회가 풍요하게 되어 먹는 것에 대한 관심이 과거보다 적어지고 있다. 앞으로 음식으로 섬기는 방식도 점차 그 사회적 중요성이 저하될 가능성이 없지 않다. 일본과 한국에서는 젊은 사람들이 음식 대접을 별로 중요시하지 않는 경향이 드러났다(성규탁, 2011). 노소가 모두 먹는 데 대한 걱정을 하지 않게 되어 그런지?

음식 에티켓의 규칙과 약속도 앞으로 이런 변화에 대비해서 부분적으로 수정해야 할 점이 생길 것으로 본다.

제8장

'생일 축하'로 섬김
[섬김방식 6]

생일(생신, 탄생일)과 특별한 가족행사에서 축하해서 섬기는 것이다.

2,500여 년 전에 공자는 부모의 탄생일을 잊지 않고 축하해야 한다고 다음과 같이 말했다(논어 4, 21).

> "자녀는 부모의 연세를 늘 기억하지 않으면 안 된다. 한편으로는 오래 사시는 것을 기뻐하고 한편으로는 연로하신 것을 두려워해야 한다."

부모와 가족원, 그리고 친근한 분들의 생일을 맞이하여 그분들에게 경의와 애정을 표하고 우정과 친근함을 더 하여 앞으로 건강하게 잘 살도록 소원하는 뜻이 들어 있는 섬김방식이다.

생일 축하는 동아시아 문화뿐만 아니라 거의 모든 문화에서 행해지는 공통된 에티켓이다. 다만 종교적으로 생일 축하가 금지되고 있는 일부 사회, 예로 사우디아라비아 같은 이슬람국가는 예외이다.

가족 행사 가운데서 부모의 60회(회갑) 생신은 전통적으로 중요하게 다루어졌다. 생명이 연장됨에 따라 70회(고희), 80회(팔순), 90회(졸수) 생신도 이제는 가족에 따라 60회 생신에 못지않게 정중히 축하한다.

생신선물로 좋은 음식, 의복, 건강에 관한 책, 돈 등을 드린다.

생신은 한 해 더 고령이 되신 부모님에게 일생의 중요한 전환점이 되는 시점이다. 그래서 가족들은 부모님이 건강하게 이날을 마지하신 것을 축하할 겸 나이를 더하신 부모님을 위로하는 뜻에서 축하행사를 한다. 이렇게 축하하는 것은 그분들에 대한 섬김과 애정을 정서적이고 행동적으로 뚜렷하게 나타내는 과시적 효과가 있다.

부모 생신뿐만 아니라 다른 가족원들의 생일에도 부모와 함께 축하하고 격려하며 위로하는 행사를 가진다.

아랫사람(나이가 아래인 가족원)이 태어난 생일도 가족에게 기쁜 날이다. 어린이의 생일, 소년기의 생일, 젊은 성인의 생일도 가족원들 모두가 함께 축하하는 날이다. 이들의 앞날을 축복하고 이들을 길러 주신 부모님에게 감사하는 축일이다.

생일을 축하하기 위한 파티를 열어 친구들과 어울린다. 생일을 맞은 이들에게 의복, 일용품, 책, 운동기구, 돈 등을 선물로 준다.

무엇보다도 정성을 들여 너그럽게 축하하는 마음을 가져야 한다. 그럼으로써 참다운 축하의 표현이 자연스럽게 태도와 행동으로 나타날 수 있다.

물론 가족원의 입학, 졸업, 승진, 출산 등 뜻있는 일을 축하하기 위해서 크고 작은 모임을 갖는다. 직장의 윗사람, 은사, 선배를 위해서도 축하행사를 한다.

축하를 위해서는 준비를 잘 해야 한다.

먼저, 행사를 할 날짜, 시간, 장소를 한두 달 전에 가족회의를 열어 정한다. 준비할 것들(음식, 어른과 아이들의 복장/옷, 초대장, 장소예약, 여흥, 축사 등)의 명단을 작성하고 준비작업에 들어간다. 초대할 분들(생일을 맞는 분과 가족의 친지, 동료 등)을 정하고 초대장 또는 전화로 정중하게 초청한다. 행사순서(식사-약력소개-헌화-축사-헌수-축가-송시-여흥 등)를 정한다. 축사를 할 분도 정한다. 그러고는 행사를 위한 예산을 세운다.

요사이는 가정 바깥의 호텔, 회관, 기타 행사장에서 축하를 하는데 이런 행사장에는 행사담당자가 있어 이들이 행사진행 방법과 절차를 알려 준다. 이런 절차를 내가 계획하는 행사의 특성에 맞게 조정할 수 있다.

:: 어린이의 생일

아기기 탄생한 후 100일이 되면 축하를 한다. 전통적으로 아기와 산모가 탈이 없이 생존한 데 감사하여 음식을 차려 놓고 삼신할머니에게 고마워하고, 가족과 친척이 모여 축하를 해 왔다. 백일 떡은 100사람이 나누어 먹는다. 아기의 생명을 연장한다는 믿음에서이다. 떡을 받아먹은 사람은 실꾸리를 아기에게 선물하는데 이 실은 아기의 생명을 길게 연장함을 상징한다.

아기가 첫 생일(돌)을 맞이할 때도 이와 비슷한 축하행사를 한다. 돌맞이 아기가 상 위에 늘어놓은 실, 책, 공책, 붓, 잉크, 돈을 집도록 해서 이들 물건 가운데서 돈을 집으면 부자가 될 것이고, 붓이나 책을 집으면 학자가 될 것이라고 짐작한다.

이 행사에 참석한 사람들은 돈, 옷, 금가락지를 아기 부모에게 준다. 참석자들은 떡을 선물로 받는다. 떡은 장수와 행복을 의미한다.

:: 회갑

환갑/회갑(60회 생신)에는 중요한 가족의 축하행사가 열린다. 자녀들은 잔치를 해서 부모에게 축하와 경의를 표하고 장수를 축원한다.

이런 전통적 축하는 아직도 가족들이 하고 있는 가족적 에티켓이다.

회갑을 맞이한 부모를 방 한가운데 모시고 자녀들은 성찬을 차려 놓고 연령순으로 절을 한다. 자녀가 절을 하고 나면 부모의 형제, 조카, 친구가 절을 한다.

이런 예가 행해지는 가운데 전통음악이 연주되고 노래를 부르며 여흥도 하여 손님들이 음식을 즐기도록 권한다. 환갑을 지나고 10년 후에는 고희(70회 탄생일) 행사가 있다. 과거에는 이때까지 생존하는 어른들이 매우 적었으나 요즘은 그 수가 많아져 고희를 축하하는 가정이 늘어났다.

:: 중국의 경우

중국에서도 사람마다 설날과 태어난 날에 축하한다. 이날이 되면 한 살 더 먹는 것이다. 아기의 2번째 생일을 중요한 행사로서 치른다. 아기 앞에 동전, 인형, 책 등을 넣어 두고 어느 것을 집는가 보고 아기의 행운을 점친다. 동전을 집으면 부자가 되고 책을 집으면 학자가 된다고 보는 것이다. 이 풍습은 우리와 같다. 6번째 생일도 중요시하여 축하한다. 과거에는 6세까지 산 아이가 적어 이 나이에 이른 아이의 생일을 축하한 것이다.

가족원들과 친척, 친구들은 선물을 가져와 어린이 앞에 둔다.

생일을 맞이한 소녀 소년은 부모와 어른 앞에서 절을 하고 선물을 받는다. 이날 친구와 친척을 초대해서 음식을 대접한다.

중국에서는 전통적으로 호랑이가 아이들을 보호한다고 믿어 왔다. 그래서 가족과 친구들은 특별히 마련한 음식과 호랑이가 그려진 노리개와 옷을 아이에게 선물로 준다.

탁상시계를 생일선물로 하지 않는다. 중국어로 시계는 죽음과 같은 발음을 하기 때문이다.

중국사람은 식품(먹을 것)을 선물로 받는 것을 좋아한다. 그래서 식품이 담긴 바구니를 선물로 하면 반가워한다.

중국에서 선물하면 안 되는 것

가위, 칼, 탁상시계, 손수건, 짚으로 된 신발을 선물로 하면 안 된다. 선물은 흰색, 푸른색, 검은색 종이로 포장하지 말아야 한다. 4(四)자가 들어 있는 것도 안 된다. 8(八)자가 들어 있는 물건은 좋다.

:: 일본의 경우

일본에서도 물론 어른과 가족원 그리고 친지들의 탄생일을 축하한다. 그러나 60회 탄생일(환갑)에 축하는 하되 우리와 같이 성대한 의식을 올리는 경우가 드물다.

일본에서는 여자아이는 3째 또는 7째 생일에, 남자아이는 5째 생일에 그리고 11월 15일에 신사나 절에 가서 감사를 드린다. 신사에서는 신에게 건강과 힘을 주신 데 대해 감사하고 오래 살게 해 주도록 기원한다. 이런 관습은 과거에 많은 어린이들이 3째, 5째, 7째 생일 전에 죽었기 때문이다. 신사에 다녀온 후 가족은 집에서 성찬을 갖는다.

3째, 5째, 7째 생일에는 가장 좋은 기모노(일본의 전통의상)를 입고 여자아이는 머리에 리본을 달고 단장한다. 일본 어린이들은 과거에는 정월 초하루에 생일을 축하했었는데 이제는 그들의 생일날에 축하한다.

:: 서양의 경우

문화가 다르면 축하하는 방법도 다르다.

앵글로색슨계 나라들의 대표적인 나라 영국에서는 생일날에 'fortune-telling cake'(행운을 점치는 케이크)를 나누어 먹는다. 케이크 속에 상징적인 물건을 넣어 굽는다. 그 속에 동전이 들어 있으면 부자가 된다고 본다. 생일축하카드를 보내는 관습은 100여 년 전 영국에서 시작되었는데 지금은 전 세계적으로 수백만 장이 보내지고 있다.

21세에 성인이 된 젊은이의 생일날에는 집의 열쇠를 선물하는 것이 유행이다. 집 열쇠를 주는 것은 집에 언제나 출입할 수 있는 특권을 주는 것이며 밤늦게까지도 집 밖에 있을 수 있다는 허락이다.

독일에서는 100년 전부터 생일 축하를 해 왔다. 생일날에는 학생에게 숙제를 주지 않는다. 그런데 21세, 30세, 40세 및 50세가 되는 해의 탄생일을 제외하고는 성인들의 탄생일은 그렇게 성대히 치르지 않고 오히려 어린이들의 생일을 더 잘 축하하는 관습을 가진다. 역사학자들은 서양에서는 독일이 어린이의 생일을 축하하는 파티를 처음 시작했다고 한다.

아이의 생일날에는 집안을 장식하고 식당에는 특별히 마련된 화환 또는 회분을 놓아 둔다. 화환은 촛대를 세워 둘 수 있게 만들어져 있다. 아이가 12세가 될 때까지 해마다 생일날에 축하를 위한 촛대에 불을 켜 둔다.

생일날 아침 일찍이 생일케이크 위에 촛대를 세우고 불을 켜 둔다. 나이에 따라 촛대 수가 정해진다. 커다란 초 하나가 여러 작은 초들 가운데 세워진다. 이 초대는 행운을 뜻한다. 초는 하루 종일 켜 둔다. 생일날 저녁식사 때 참석자들이 모두 생일 축하 노래를 부르면 생일을 맞는 가족원은 촛불을 불어서 끈다. 한꺼번에 촛불을 모두 끄면 생일날 소원이 이루어진다고 본다. 그러고는 선물을 열어 보고 파티를 시작한다.

미국에서도 어린이의 생일을 축하한다. 케이크 위에 나이대로 촛대를 세우고 불을 켜 놓는다. 생일을 맞이한 어린이는 아무에게도 말하지 않고 스스로 자신의 소원을 정한다. 그러고는 촛불을 불어 끈다. 한꺼번에 촛불을 다 끄면 소원이 이루어진다고 믿는다.

생일 축하를 위해서 "Happy Birthday to You"를 노래하는 것은 오랜 관습이 되어 왔다. 이 노래는 약 150년전 두 사람의 미국인 자매가 지은 노래인데 이제는 여러 나라 말로 번역되어 전 세계적으로 불리고 있다.

미국에서는 16세가 된 소녀를 위해서 'Sweet Sixteen Party'(16세 파티)를 열어 생일을 축하해 준다.

Saudi Arabia에서는 종교적인 이유 때문에 생일 축하를 하

지 않는다. 그러나 종교적인 휴일과 결혼식에서는 성대한 축
하를 한다.

생일을 축하한다는 말을 나라에 따라 다음과 같이 한다.
비교적 정중한 표현들이다.

한국: Saengil Chukha Hamnida
일본: Otanjobi Omedeto Gozaimasu
중국: Sheng Ri Kuai Le
프랑스: Joyeux Anniversaire!
독일: Alles Gute zum Geburstag
영국: Happy Birthday
인도: Sal Girah Mubarak

서양에서는 생일을 축하할 때 다음과 같은 꽃을 보낸다.

카네이션, 바이올렛, 데이지, 백합, 장미, 나팔꽃, 금잔화
(marigolod), 국화, 나팔수산화

*　*　*　*　*

지금까지 소개한 동아시아 나라들에서 진행되는 생일 축
하는 세대 간의 서로 섬김이 이루어지고 있다는 증표이다. 3
개 나라들의 생일 축하를 하는 방식과 이 행사를 위해 지켜
지는 에티켓에는 차이점보다도 공통점이 훨씬 더 많다. 세 나
라들의 문화적 전통의 공통성을 나타내는 것이다.

생일 축하로 하는 섬김은 시대가 바뀌어도 그 사회문화적 의의가 낮아지지 않을 것으로 보인다. 다만 그 방식을 변하는 생활환경에 알맞게 실천하는 방법상의 과제가 남아 있다.

국제화와 다문화 과정이 진행되는 이 시대에 거의 모든 문화권에서 다양한 종족들이 축하하는 생일에 대한 문화적 차이를 이해하여 서로 섬기는 관계를 발전시키는 데 힘써야 하겠다.

제9장

'보살핌'으로 섬김
[섬김방식 7]

보살핌은 마음과 몸을 다 같이 섬기는 방식이다.

사람을 보살핀다는 것은 그가 필요로 하는 정서적 돌봄과 수단적 서비스를 함께 제공해서 섬기는 것이다. 사람들이 호혜적으로 살아 나가는 데 서로에게 지켜야 하는 매우 고귀한 에티켓이다.

가족 안에서 부모를 섬기는 것을 효라고 한다.

효는 부모에게 마음에서 우러나게 섬기는 것이기도 하지만 부모로부터 받은 깊고 끝없는 애정, 보살핌 및 지원에 대한 보답으로 행하는 자녀의 도리이기도 하다.

우리는 부모님뿐만 아니라 다른 가족원들도 섬긴다. 가족원들 간의 서로 섬기는 호혜적 관계를 이룬다. 그리고 이웃과 사회 사람도 섬긴다. 새 시대의 섬김은 가족의 테두리를 벗어나 보다 넓게 이루어지고 있다.

:: 보살핌의 뜻

보살핌은 다른 사람에 대한 깊은 관심과 동정심을 가지고 실제적 도움과 지원을 제공하며 섬기는 것이다.

동아시아 문화에서 전통적으로 강조되는 가치는 인(仁)이다. 인은 사람을 넓고 깊게 사랑하는 것이다. 인간애(人間愛) 그 자체이다. 인의 기본적인 가치는 측은지심(惻隱之心)에 담겨 있다.

측은지심은 남을 딱하고 불쌍히 여기고 남의 어려움을 나누어 가지고, 물에 빠진 사람을 보면 뛰어들어 살리고, 남의 배고픔을 나의 배고픔으로 아는 이타적인 가치이다.

다른 사람을 돌본다는 것은 이러한 측은지심의 발로이다. 즉 그에게 관심을 가지고, 그의 인격을 존중하고, 그의 복리를 걱정해 주고, 그가 필요로 하는 것을 제공해 주며 그를 섬기는 것이다.

그래서 섬김은 사람과 사람 사이의 관계를 유지하는 데 가장 중요한 요소이며 인간관계를 끈끈하게 만드는 접착제 역할을 한다.

에티켓의 가장 중요한 조건이 바로 사람을 섬기는 마음씨와 행동이다. 그런데 섬김은 보살핌/돌봄을 내포하고 있는 것이다.

:: 보살핌의 내면적 차원과 외면적 차원

부모에게 어떻게 효를 하면 좋겠느냐고, 한 제자가 공자에게 질문하자 그는 다음과 같이 말했다.

> "요즈음은 부모에게 음식만 제공하면 되는 것으로 안다. 하지만 개와 말에게도 먹을 것을 주지 않는가. 부모를 존경하며 대접하지 않는다면 사람과 짐승 사이에 무슨 차이가 있는가."(논어, 2권, 7장)

위의 답변에 나타나듯이 공자는 물질적인 대접뿐만 아니라 마음에서 우러나는 내면적 존경이 중요함을 말한 것이다. 사람의 마음과 몸을 함께 보살펴야 함을 지적한 것이다.

예기(상 1, 하 12)에는 부모를 정서적(내면적)이고 수단적(외면적)으로 섬기는 데 관해서 다음과 같이 구체적으로 기술되어 있다.

> "아들은 부모를 즐겁게 해 드려야 하며 그들의 의사에 어긋나는 언행을 해서는 아니 되며 이분들이 즐거운 것을 보고 듣도록 해야 하며 편한 잠자리를 제공해야 한다. 아침에 일어나면 아들 부부는 부모의 거실에 가서 문안을 드리고 공손한 말로 그분들의 의복이 따뜻한가, 불편한 곳은 없는가 알아보고 만약 고통스럽거나 불편한 점이 있다고 하면, 이를 해소해 드려야 한다. 그리고 그분들이 원하는 음식을 대접해야 하며 그 음식은 맛이 있고 신선하고 연하고 향기로운 것이라야 한다."

이 구절에는 섬김의 정서적인 면과 물질적인 면이 통합되어 설명되어 있다.

:: 섬김의 구분

1. 내면적 섬김

내면적/정서적 섬김을 나타내는 항목으로서 다음을 들 수 있다.

- 동거자와의 대화
- 가족과의 친밀성
- 자녀로부터의 도움
- 마음의 평안
- 존경
- 사회적 대우
- 생활만족증진
- 행복증진
- 고독감해소

2. 외면적 섬김

외면적 섬김은 주로 행동으로 제공되는 보살핌으로서 고령자가 신체적으로나 경제적으로 의존적인 처지에 있을 때를 고려하여 구분해 본 것이다. 건강상태가 좋지 않거나 수입이 없는 어려울 때 이런 수단적/물질적 지원을 받는다.

주로 다음과 같은 서비스 또는 도움을 제공해서 섬기는 것이다.

〈외면적 도움〉
• 비상금
• 건강유지비
• 여가활동비
• 음식, 의료 구입비
• 주택유지비
• 물건 구입
• 의복 용
• 식사
• 세수, 갱의(更衣)
• 집안일
• 목욕

- 용변
- 외출
- 취미활동
- 취업안내

이런 물질적이고 수단적인 섬김은 내면적 섬김에 못지않게 필요한 것이다.

그런데 내면적 섬김과 외면적/물질적 섬김은 서로 연계되어 있어 외면적 섬김을 하면 내면적 섬김도 어느 정도 할 수 있다고 본다.

그러나 경우에 따라서는 두 가지 섬김은 별개로 보아야 한다. 아무리 많은 물질을 제공하여도 내면적/정서적인 성과를 못 올리는 경우가 있다.

사회가 경제적으로 부유하게 되고 사회복지제도로부터 많은 혜택을 받게 되면 사람들은 물질적 섬김보다도 정서적 섬김을 받기를 더 원하게 될 것으로 본다.

3. 내면적 섬김의 중요성

섬김은 사람과 사람 사이의 인간관계 속에서 시작되고 진행된다. 다른 사람을 측은지심으로 섬기지 않고서는 그 사람을 위해서 진정한 보살핌과 서비스를 해 줄 수 없다는 것이다.

이 점은 부모와 자녀 사이의 관계에서도 마찬가지이다.

> "아들은 부모의 건강을 특별히 걱정해야 한다."(논어, 4권, 19장)
> "부모가 즐거워하는 것을 들려주고 보여 주도록 해야 한다."(예기, 1권, 1장)
> "부모의 생신을 맞이해서 그분들이 한 해 더 늙으신 것을 가엽게 여겨야 한다."(논어, 4권, 21장)
> "부모의 죽음을 애도하는 데 형식에 치중하는 것보다 마음속으로 슬퍼하는 것이 더 중요하다."(논어, 3권, 4장)

전통적인 가족세팅에서 부모 자녀 간에 지켜져야 하는 에티켓을 설명해 주는 말들이다.

* * * * *

우리의 동아시아 문화권에서는 다른 사람을 보살핀다는 것은 곧 인(仁)을 실천함을 의미한다. 앞서 지적한 바와 같이 인은 사람과 사람이 인간애를 서로 교환하는 것이며 모든 사람을 대하는 데 있어 실천해야 하는 보편적인 가치이다.

의료와 사회복지를 담당하는 병원이나 사회복지시설에서 서비스 제공자들이 환자나 클라이언트를 보살피는 데 있어 내면적 자세를 갖추는 것을 매우 중요시하고 있다. 질이 좋은 치료와 서비스를 제공하기 위해서는 치료자가 따뜻한 심정으로 환자와 클라이언트를 맞아 주고 그들을 인격을 지닌 소중한 사람으로 존경하고, 그들의 개인적인 생활 스타일과 신조를 존중하는 마음의 자세, 즉 내면적인 차원을 먼저 갖추어야 하는 것이다.

이들 필요조건은 현대 사회에서 서비스 제공자가 지켜야 하는 에티켓의 요건이 되는 것이다.

우리는 섬김의 내면적인 차원과 외면적인 차원을 통합해서 어른, 가족원 그리고 고객/환자에 대한 기본적인 에티켓을 지킬 수 있어야 하겠다.

:: 한국·중국·일본 사람들의 공통점

같은 동아시아 문화권에 속하는 한국·중국 및 일본에서 저자가 보살핌을 포함한 섬김방식의 공통점에 대해서 조사한 결과를 제16장에서 소개한다.

:: 미국인과 한국인의 차이

부모를 보살피려는 의지(부양동기)에 대해서 미국인과 한국인을 비교해 보았는데 이 결과를 제17장에서 소개한다.

제10장

'먼저 대접'해서 섬김

[섬김방식 8]

도움, 서비스 및 편의를 먼저 제공하여 섬기는 방식이다.

차나 음식을 먼저 대접하고, 승강기 또는 방에 먼저 들어가고 나오도록 하고, 자리에 먼저 앉도록 하고, 서비스나 돌봄을 먼저 제공해서 섬기는 것이다.

먼저 섬기는 데 대해서 공자는 다음과 같이 말했다(예기 상, 1).

> "무릇 손님과 함께 방으로 들어가는 자는 문마다 손님에게 사양해서 먼저 들어가지 않는다."

한국인, 일본인, 중국인은 자동적으로 어른, 선생, 선배, 윗사람을 먼저 대접한다.

우리는 또한 어린이, 임산부, 장애인에게도 먼저 승강기나

방에 출입하고, 먼저 서비스를 받도록 편의를 보아 준다.

한국에서는 일반적으로 중국과 일본의 경우와 같이 높은 정치적 또는 관료적 지위에 있는 사람, 사회적으로 잘 알려진 사람에게 우선권을 주는 버릇이 있다. 그래서 모임이나 행사 때에는 이런 소위 고위층 사람들을 먼저 소개하고 앞자리에 앉힌다. 인권의 동등함을 강조하는 서양사회에서 일어나는 상황과는 대조가 된다. 서양에서는 지역사회모임에 참석한 대통령에게도 '미스터'라는 칭호만 붙여 부르면 대접이 끝난다.

∷ 호혜적 섬김

그런데 우리에게도 매우 긍정적인 면이 있다. 일상생활에서 노소(고령자와 연소자) 세대 간에 우선적인 대접을 주고받는, 즉 서로 섬기는 호혜적인 관습이 있다.

부모는 자녀에게 어릴 때부터 맛있는 것, 건강에 도움이 되는 것, 좋은 것을 우선적으로 제공해 주지 않는가. 다수의 부모들은 자기들이 이 세상을 떠날 때까지 물질적으로 또 정서적으로 자기들을 희생하면서 자녀를 돌보아 주고 있지 않는가.

부모는 자녀에게 좋은 음식을 우선적으로 대접해서 이들

이 건강하기를 바라거나 이들이 잘한 일을 칭찬해 주고 있지 않는가.

이렇게 하는 것이 동아시아 사람들의 오랜 문화적 관습으로 되어 오늘날에까지 부모와 자녀, 노인과 젊은이, 윗사람과 아랫사람 사이에 서로 섬기는 호혜적 관습이 이어지고 있다.

일본도 위계적인 사회이다. 민주주의가 비교적 오랫동안 실시되고 있지만 아직도 사회적 신분과 계급이 중요시되고 있다. 연령과 지위가 높고 사회적 인증도가 높은 사람이 먼저 대접을 받는다. 그러나 가족 안에서는 어머니의 영향력이 아버지의 영향력보다 더 강하다. 자녀는 어머니와 우선적으로 친밀한 관계를 가진다.

사회주의국가인 중국은 더 위계적이다. 중국사람들은 지위와 계급이 높은 사람에게 먼저 대접해야 한다. 중국의 정치체제 때문에 생기는 관습인 것 같기도 하다. 중국에 가면 이런 관습을 존중해야 한다.

한국도 마찬가지로 위계적인 사회이다. 가정 내에서는 아버지와 아들이 우위에 있다. 우리는 접촉하는 사람들의 사회적 지위/계급을 정하는 데 신경을 쓴다. 많은 경우 앉는 사리, 차 대접을 하는 순서, 먹을 것을 대접하는 순서도 연령과 사회적 지위에 따라 정해진다.

모름지기 섬김은 그 대상이 모든 사람(심지어 동식물에 이르기까지)을 사랑하는 인애(仁愛)에 바탕을 둔 측은지심에서 시작된다. 측은지심은 사람을 딱하게 여기고, 살신적(殺身的)으로 돌보고, 마음과 몸으로 섬기는 것이다.

섬김은 어른에 대한 것으로부터 젊은이에 대한 것으로 자연 확대되어 가야 한다. 위와 같은 인애(仁愛)의 정으로 어른 섬김과 젊은 사람 섬김을 함께 실천하는 호혜적인 섬김으로 발전시키는 노력이 있어야 한다.

어른과 젊은 사람을 다 같이 섬겨야 하는 데 대해서 맹자가 말한 바가 생각난다.

그는 아랫사람이 윗사람을 공경하는 것을 귀귀(貴貴)라 하고 윗사람이 아랫사람을 공경하는 것을 존현(尊賢)이라 했다.

그런데 맹자는 이 두 가지의 공경은 그 의의(意義: 뜻과 중요성)가 다 같다고 했다[用下敬上 謂之貴貴 用上敬下 謂之尊賢 貴貴尊賢 其義一也](孟子 萬章章 句下 3). 이 말은 윗사람 존경과 아랫사람 존경은 무게가 같음을 뜻한다. 세대 간의 서로 섬기는 호혜적 관계의 중요성 내지 당위성을 지적하는 말이다.

서양문화에서는 동아시아 사람들같이 자동적이고 의무적으로 어른 또는 고령자를 우선적으로 대접하는 관행을 보기 드물다.

그러나 공식적 모임에서 윗사람과 사회지도자에게 우선적 대우를 하는 경우가 흔히 있다.

서양에서는 어른에게 자리를 양보하고 승강기를 먼저 타도록 하는 경우가 드물다. 물론 장애인, 여성, 어린이에게는 우선권을 준다.

어른과 고령자에 대한 인식과 관심, 그리고 이분들에 대한 존경심이 동아시아의 우리보다는 현저하게 약하다. 문화적인 차이가 있는 것이다.

서양사람들의 생활패턴은 평등사상을 바탕으로 이루어져 있다.

예로, 식사 때 모두 함께 기도를 하고 나서 모두 동시에 식사를 시작하는 관습에 젖어 있다. 그래서 어른이 먼저 들고 젊은이가 나중에 드는 절차가 필요 없게 된다.

그러나 사회적 내면을 들여다보면 이들도 역시 장소와 경우에 따라 어른과 고령자에게 우선적 대접을 하고 있다. 고령자, 여성, 장애인 그리고 초대한 손님에게 승강기를 먼저 타게 하고, 문을 먼저 나가도록 하는 겸손과 양보의 에티켓을 흔히 볼 수 있다.

서양사람에게 승강기를 먼저 타고 내리도록 하면 그는 고마워한다. 존중을 받기 때문이다. 그들은 동양사람의 이렇게 겸손하고 양보하는 제스처를 보고는 고마워하고 동양인의 장점이라고 칭찬한다.

동아시아 사람들과 서양사람들 사이에 우선적 대접을 하

는 데 있어 이러한 차이점이 있다. 이것을 문화적 차이라고 한다. 이런 차이는 흑백의 차이가 아니고 정도의 차이이다. 하지만 이 차이는 분명히 나타나는 것이다.

이런 차이는 우리와 그들의 일상적 에티켓에 나타난다. 이 문화적 차이를 이해하고 상대편의 에티켓을 비난하거나 오해하지 않도록 해야 하겠다.

제11장

'윗자리'를 제공해서 섬김
[섬김방식 9]

　존경의 뜻을 나타내는 자리 또는 장소나 역할을 제공해서 섬기는 방식이다.

　윗자리 또는 가운데 자리를 제공하여 존경의 뜻을 표하는 것이다. 따뜻한 방, 난로 옆자리, 시원한 자리, 편리하고 도움이 되는 곳을 마련해 주고 명예로운 역할을 하도록 해서 섬긴다(예: 모임에서 사회를 하고, 식장에서 주례 또는 인사를 하고, 단체/집단의 자문을 위촉하는 것).

　예기(禮記)에는 부모에게 존경의 표시로서 윗자리를 제공해야 하며 앉을 자리의 방향을 잡아 드려야 한다고 가르치고 있다(예기 상 1, 하 12).

　윗자리를 제공해서 존경할 분을 섬기는 것은 오래된 우리의 전통적 생활예절이다. 어른을 섬기는 효를 중요시하고, 계급의식이 강하고, 의식(儀式)과 형식을 중요시하는 동아시아의 문화적 관습이다.

동아시아 문화에서는 집터, 묏자리, 건물 자리 등 특정한 자리를 정하는 데 많은 에너지를 투입한다. 풍수지리설에 대한 믿음이 아직도 깊다.

서양에서도 특별한 사람에게 윗자리를 제공해서 예우를 한다. 특히 공식 모임에 초대된 사람, 지역의 유지, 사회지도자에게 그러한 대우를 한다.

그러나 우리 문화에서와 같이 어른과 윗사람에게 관습적이고 의무적으로 이런 섬김을 하지는 않는다.

젊은 사람에게도 어른 또는 고령자가 이 방법을 사용할 수 있다.

예를 들어 부모/어른은 자녀/젊은이의 생일날, 졸업을 축하하는 모임, 자녀/젊은이가 주도하는 가족회의 등에서 그에게 가운데 자리를 제공해 주어 축하의 뜻, 그의 역할과 수행할 책임을 존중한다는 뜻을 표시할 수 있다.

동아시아 나라들에서는 일반적으로 공식적인 회의나 모임에서, 그리고 만찬이나 연회에서 높은 지위에 있는 사람, 발언권이 많은 사람, 중요한 사람에게 윗자리 또는 가운데 자리를 배정한다.

모임이나 연회에서 손님들 중 제일 윗자리에 있는 사람에게 창문을 바라보는 가운데 자리를 권한다.

여러 사람들을 초대할 경우에는 이들의 연령, 지위를 미리 알아 두고 이들을 앉힐 자리를 예비적으로 배치해 보는 것이 좋다. 그리고 초대할 사람들의 명패를 만들어 놓고 대접할 당일 이 명패를 손님이 앉을 자리 앞 테이블에 놓아둠으로써 손님 각자가 자기 자리에 앉도록 하여 혼란을 막을 수 있다.

주인이 윗자리나 가운데 자리를 권하면 손님은 이를 양보하는 제스처를 취하는 것이 에티켓이다.

일단 손님들이 자리를 차지하게 되면 윗사람들이 뚜렷이 나타난다. 이때부터는 이들과 부드러운 음조로 정중하게 대화를 한다.

:: 중국의 경우

초대자가 손님이 앉을 자리를 정해서 앉도록 한다.

소파에 앉을 때는 보통 주인 바로 옆에 앉는다.

주빈(제일 중요한 손님)일 경우는 창문을 바라보는 식탁/책상 한가운데 자리를 준다. 주빈은 초대자(주인) 맞은편에 앉는다.

함께 간 다른 손님들은 지위나 중요성에 따라 주인(초대

자) 양편에 앉는다. 초대자는 한가운데 앉는다.

중국에서는 일반적으로 동쪽을 또는 창문을 바라보는 자리가 상좌이다.

원탁(圓卓)일 경우에는 문을 향하는 자리가 주빈의 자리이다. 다른 손님들은 지위나 주인과의 관계에 따른 순서로 주빈의 오른편과 왼편에 앉는다.

네모 식탁인 경우도 창을 바라보는 자리가 역시 상좌이다. 창문을 바라보는 자리가 없으면 식탁의 오른쪽 끝자리가 주빈의 자리가 된다.

규모가 큰 초대연에서는 여러 개의 식탁/테이블을 보통 다음과 같이 배정된다. 제일 높은 자리의 사람들을 위한 식탁은 언제나 앞줄 가운데 둔다. 2번째와 4번째 및 6번째 식탁은 왼편에 위치한다. 그리고 3번째, 5번째 및 7번째 테이블은 오른쪽에 있다. 초대자와 주빈은 그들의 신분에 따라, 그리고 초대자와의 친분에 따라 자리를 잡는다.

주인이 연회 장소에 먼저 와서 손님을 안내하고 자리에 앉힌다. 일반적으로 주인의 윗사람이 연회에 초대될 경우에는 그를 제일 윗자리에 앉히고 가장 중요한 손님들은 그분 왼편에 앉도록 한다.

이와 같이 앉는 자리를 배정하는 방식이 관례로 되어 있다. 아마도 이런 관습이 오랫동안 중국사회의 비교적 상위층의

생활예절로 전해 온 것으로 보인다.

외국에서 중국을 방문하는 여성은 여성이라 해서 특별한 자리를 배정받기를 기대하지 않는 것이 좋다.

지역사회의 축하행사라든지 공중대회 같은 장소에서 고령자(seniors)를 위한 자리(의자 또는 테이블)를 맨 앞줄에 둔다.

서양사람들도 장소와 모임의 성격에 따라 원로, 선배에게 앞자리 또는 윗자리를 제공하여 경의를 표한다.

따라서 윗자리를 제공해서 섬기는 방식은 비교문화적인 견지에서 비슷하며 차이가 있다면 정도의 차이라고 본다.

그러나 서양사람들의 어른 존경방식을 자세히 들여다보면 우리가 하는 방식과 차이가 난다.

그들은 우리와 같이 어른 존경을 의무적이고 자동적으로 실천하지 않으며, 한다고 해도 일시적이고 제한적이다.

중국인은 부모의 묏자리를 풍치가 좋고 남향이며 물이 잘 빠지는 곳에 잡으려고 노력한다. 부모의 묏자리는 가족의 안녕과 자손의 행운이 달려 있다고 믿는 성향을 가져 묏자리를 고르는 데 힘을 쓴다.

풍수지리설이 중국에서 발설된 점을 보아 자리를 선징하는 데 중국사람들이 에너지를 투입하는 것을 이해할 수 있다.

:: 일본의 경우

　일본사람들이 일상적인 모임에서 자리 배정을 하는 것을 보면 이들도 다른 동아시아 사람들과 비슷하다.

　공식적인 모임이나 초대연에서 가장 중요한 인물은 창문을 바라보는 자리에 앉힌다. 가장 높은 지위에 있는 사람은 테이블 가운데 자리에 앉는다. 이 자리 양편에 앉는 사람은 연령이나 사회적 지위, 주인과의 친분에 따른 순서대로 앉는다. 테이블 맞은편에는 지위나 중요성이 비슷한 사람을 마주 보고 상대하도록 앉힌다. 이와 같은 자리 배정은 일본식 거실(다다미를 깐 방)에서도 이루어진다.

　그러나 묏자리를 정하는 데는 우리와 같이 그렇게 애를 많이 쓰지 않는다. 대부분의 일본가족들은 조상의 유골을 절[寺]에서 마련한 묘지에 합동해서 모시기 때문이다.

　하지만 일본도 위계적이고 권위주의적 전통을 가진 사회이어서 사람의 사회적 지위, 신분, 명성에 따라 자리를 배정하는 것을 중요시한다.

＊　＊　＊　＊　＊

　자리 배정은 동아시아의 생활 에티켓의 중요한 부분을 이른다.

자리섬김을 실행하는 데 있어 세 나라들은 비슷한 규칙과 절차를 적용하고 있다. 이렇게 비슷하게 자리섬김이 실행되고 있다는 사실은 이들 나라들의 문화적 유사성을 시사하는 것이다.

동아시아 문화에서는 자리 선정과 배정이 거의 종교적인 의미를 가진다. 서양에서와 같이 물리적 조건만을 고려해서 정해지지 않는다. 집 자리와 묏자리 선정을 나와 가족의 안녕과 직결된 것으로 믿고 있는 사람이 많다.

존경스러운 역할을 제공하는 성김에티켓은 특히 고령자에게 흔히하는 예우로서 물질적 대우보다 이틀 더 반가워하는 분들이 많다. 어른을 섬기는 바람직한 이티켓이라고 본다. 이는 문화에 따른 차이가 없이 공통적으로 행해지는 섬김방식이다.

제12장

'의논'으로 섬김
[섬김방식 10]

개인의 일, 가정의 일, 직장의 일, 지켜야 할 관습과 의식 등에 관해서 의논을 하고 충고를 받음으로써 경의를 표하는 방식이다.

효경(孝經)과 논어(論語)에는 대화를 할 때는 예의에 어긋나지 않도록 조심스럽게 말해야 한다고 교시되어 있다(효경 4, 논어 8, 4).

의논은 젊은 사람과 어른이 서로 대화를 해서 도움을 나누는 관계이다. 이 관계에서 양 편이 모두 혜택을 받을 수 있다. 젊은 사람은 도움이 되는 조언과 지원을 받을 수 있고 어른은 그의 능력을 인증받고 그가 쌓은 지식과 경험이 젊은 사람에게 도움이 된다는 데 보람을 느낄 수 있다.

논어(季氏篇 16편 10)에는 다음과 같은 의논에 대한 공자의 말이 있다.

“군자에게는 아홉 가지 생각하는 일이 있느니라. 듣는 데
는 총명하게 듣기를 생각하고 말은 성실하게 하기를 생각
하고 의심나는 것에는 묻기를 생각해야 한다.”

그리고 예기(하, 12)에는 자녀는 크고 작은 일을 막론하고
부모에게 물어서 처리해야 한다고 지적되어 있다.

이런 말은 모두 가정생활과 사회관계에서 사람들은 서로
의논하고 서로 충고와 자문을 주고받아야 함을 알려 주는 것
이다.

의논하는 데 중요한 조건은 대화(communication)를 원만히
하는 것이다.

의논을 할 분이 알기 쉽도록 말해야 한다. 그분에게 도움
을 청하는 입장에서 공손한 태도로 교양 있는 말을 해야 한
다. 말은 나지막하고 조용한 음성으로 부드럽게 해야 한다.
그러면서도 분명하게 정확히 의견을 전달해야 한다. 자기가
유식한 체하면 실례가 되고 대화가 순조로이 진행되기가 어
렵다.

어른과 대화나 교신을 할 때 존댓말을 사용하여야 한다.
존댓말은 제4장에서 다루었다.

우리는 존경하는 낱말, 구절, 문장을 매우 다양하게 사용하

는 문화적 특징을 가진다. 경어를 사용하는 방식도 어른에게 하는 것, 선배에게 하는 말, 직장의 윗사람에게 하는 말 등 다양하다.

의논을 할 분을 처음 만나면 그분을 불러야 하는데 이때 그분에게 해당하는 호칭을 사용해야 한다.

집안 어른을 부를 때, 직장의 윗사람을 부를 때, 선생을 부를 때, 성직자를 부를 때, 잘 모르는 어른을 부를 때 각각 그 호칭이 달라야 한다. 흔히 사용되는 호칭으로서 아버님, 어머님, 선생님, 부인, 목사/신부님/스님, 박사님, 위원장님, 사장님, 상무님, 과장님 등을 들 수 있다. 이러한 호칭을 사용하는 데도 존경하는 마음으로 공손히 부드러운 목소리로 해야 한다.

서양사람은 상대편에게 경의를 나타내는 데 있어 주로 어른의 성(이름이 아닌)과 호칭(선생, 부인, 박사, 목사/신부, 의장, 위원장 등)을 붙여서 부르는 데 그치지만, 동아시아 사람들은 다양한 경어를 사용한다. 우리들의 언어 속에는 존경하는 뜻이 스며들어 있다. 그래서 언어 에티켓을 매우 중요시한다.

의논할 분과 처음 만날 때 또 한 가지 조심할 점은 그분을 잘 알고 있는 사이라도 예의 바르게 인사해야 한다는 것이다.

외모를 단정히 하고 절을 한다. 그분이 악수를 청하면 악수를 하면서 절을 한다. 자기의 이름과 용무를 알린다. 그분에게 관심을 보이고 그분에 관한 일을 한두 가지 물어본다. 나 자신의 이야기만 하지 않는다. 의견을 말하는 것은 좋지만 자기를 높이거나 남을 비판하지 않는다. 그분이 말하는 도중에 끼어들거나 그의 말을 중단시키지 않아야 한다.

그리고 그분의 이야기를 듣는 자세도 중요하다. 비스듬히 앉아 듣거나 턱을 괴고 듣거나 몸을 흔들거나 다리를 놀리면서 듣는 것은 존중하는 자세가 못 된다. 바르고 공손한 자세로 그의 말을 이해한다는 반응을 보이면서 들어야 한다.

:: 유의할 사항

논어(季氏篇 16편 6)에는 다음과 같은 공자의 말이 있다.

> "군자를 모실 때 세 가지 과실(잘못함)이 있다. 말이 마치
> 기도 전에 먼저 말을 꺼내는 것은 조급함이오, 말이 마쳤
> 는데도 말하지 않음은 숨김이오, 안색을 살피지 않고 말
> 함은 눈치가 없는 것이니라."

공자가 지적한 이런 과실은 현대인이 어른과 대화하는 데 있어서도 조심해야 할 언어 에티켓과 관계된 것이다.

의논을 할 대상은 대개의 경우 나보다도 사회생활과 전문
직에서 더 오랜 경험을 쌓았고 더 많은 지혜와 통찰력을 가
진 분이다. 이런 분에게는 정중하게 예를 표해야 한다.

먼저 "요사이 평안하십니까?"라고 인사를 하고 한두 가지
그분을 존중하는 말을 한다. 그러고는 용건을 말한다.

일단 대화가 시작되면 나의 마음을 열고 내가 상의할 사항
에 대해서 솔직하게 말한다. 대화에서 존경을 나타내는 방법
은 그분의 말을 귀담아듣는 것이다. 그분의 지도를 받기 위하
여 의논하는 것이기 때문이다. 그분의 말의 요점을 메모해 두
는 것이 좋다. 질문이 있을 때는 질문을 해도 좋겠느냐고 양
해를 구한 다음 겸손하게 질문한다.

대화를 할 때 필요에 따라 다음과 같은 말을 한다.

- "감사합니다."
- "미안하지만 ……해 주십시오."
- "그래도 좋습니다."

동료와 상의하는 경우에는 상대편의 경험과 지혜를 나를
위해 활용하고자 하는 것이기 때문에 (반말을 쓰지만) 겸손
하고 존중하는 마음으로 그의 말을 들어야 한다. 상대편이 말
을 하면 바로 대응해서 말하면 실례이다. 그래서 상대가 말을
하면 그의 말을 계속 듣기 위해서 마음속에서 하나에서 열까

지 세는 것도 하나의 참고 듣는 방법이 될 수 있다.

다음에 특히 어른과 대화할 때 유의할 사항들을 몇 가지 더 적어 보겠다. 이 사항들은 모두 어른을 존중하는 언어 에티켓과 연관된 것이다.

고령의 어른은 말하는 것이 흔히 더디고 한 말을 되풀이하며 어떤 점에 대해 길게 이야기하는 경향이 있다. 어른이 말하는 것이 답답하고 지루하여도 그분을 섬기는 뜻에서 긍정적으로 이를 받아들인다.

다음과 같은 사항에 유의하면서 대화를 해 나가는 것이 옳다.

- 약속시간을 지킨다.
- 대화에 앞서 의논할 어른에게 존경하는 칭호를 사용하여 정중히 인사한다. 잘 모르는 분에게는 나의 직업, 지위, 출신학교 등을 알린다.
- 나의 명함을 그분에게 드리거나 그분의 명함을 받을 때는 두 손으로 주고받는다.
- 의논할 사항을 말한다.
- 부드러운 말씨로 조용하게 말한다.
- 공손하게 말을 이어 간다.
- 쉬운 말로 천천히 조리 있고 정확하게 말한다.
- 전문용어를 사용하지 않는다.

- 존경하는 마음이 말에 담기도록 공손히 말한다.
- 어른이 말할 때 귀를 기울인다.
- 어른이 하는 말을 이해하기 위해 노력한다.
- 어른이 말하는 도중에 끼어들지 않으며 어른이 말을 끝낼 때까지 기다린다.
- 인내심이 있게 말을 듣는다.
- 질문할 때 그분의 양해를 정중히 구한다.
- 대화 도중 자리를 떠야 할 때는 그분의 양해를 구한다.
- 어른의 청력을 파악해서 내가 할 말의 크기와 속도를 조절한다.
- 전화를 하는 경우에는 통화할 요건을 미리 정리해 둔다.
- 대화를 마치면 끝낸다고 말한 다음 인사를 하고 자리를 떠난다.
- 그분의 사무실이 아닌 곳에서 의논을 하는 경우에는 그분이 먼저 자리에서 일어나 떠나도록 기다린다.

위의 사항들은 어른이나 고령자와 면담이나 전화를 할 때 유의해야 할 사항들이다. 우리의 문화적 맥락에서는 이러한 사항들을 지켜 가면서 존경을 표하는 것이 에티켓으로 되어 있다.

일상생활에서 전화를 해서 의논하는 사례가 많아졌다. 전화의 단점은 상대편의 표정과 동작을 볼 수 없는 것이다. 그러나 직접 만나서 이야기하는 데 못지않게 상대편과 나 자신의 마음가짐과 태도에 신경을 써야 한다.

상대편이 전화를 받으면 그에게 인사를 하고 자기를 소개한다. 상의할 일이 있음을 알리고 내가 상의할 사항에 대해서 자기 의견을 말해 줄 수 있는지를 물어본다. 의논에 응해 줄 의사가 있다고 하면 고맙다고 한 후 위의 적은 사항들을 유의하면서 대화를 진행한다. 대화가 길어지면 상대편의 시간 사정을 묻는다. 의논이 끝나면 고맙다고 정중히 사의를 표한다.

*　*　*　*　*

오늘날 많은 사람들은 다른 사람에 대한 관심보다 나 개인의 취향에 맞추어 사는 경향이 있다.

하지만 대다수 사람들은 다른 사람이 자기를 존중해 주기를 바라면서 살고 있다. 이런 기대는 두 사람이 상호 교환을 통해서 충족할 수 있는 것이다.

의논을 하는 것은 두 사람이 서로 상대편을 존중하면서 혜택을 주고받는 교환방식이다. 이 방식도 역시 서로 섬김의 한 방법이다.

제13장

'순종'해서 섬김
[섬김방식 11]

존중하는 사람의 지시를 따르고 그분의 말을 귀담아들음
으로써 경의를 표하는 방식이다.

가정생활에서 행하는 순종은 주로 부모와 집안 어른이 평
생 쌓아 온 경험과 지혜를 존중하여 개인의 일, 가정의 일, 지
켜야 할 관습 등에 관한 의견과 충고를 받아들이고 따르는
것이다.

또 하나의 방식은 그분의 말을 성실하게 귀담아듣고 이해
하려고 노력하는 것이다.

한국, 중국 및 일본을 포함한 동아시아 나라들은 전통적으
로 어른-부모, 친척어른, 선생, 이웃어른, 선배, 윗사람-에
게 순종하는 관습을 지켜 왔다.

개인의 인권을 존중하고 모든 사람이 동등한 권리를 가지

는 현대 사회에서도 대다수 한국인들이 가정과 사회집단에서 과거보다는 약하지만 이 관습을 지키고 있다.

공자는 부모의 말을 따르는 데 관하여 다음과 같이 말했다 (예기, 상, 1).

> "부모의 의사에 어긋나는 언행을 해서는 안 되며 이들이 즐거운 것을 보고 듣도록 해야 한다."

공자는 또한 부모의 충고와 지시에 순종해야 한다고 다음 과 같이 타일렀다(예기, 하, 12).

> "부모나 시부모의 명을 거슬리거나 게을리 해서는 안 된다."

우리나라뿐만 아니라 중국, 일본 등 동아시아 나라들의 전 통적 문화에서는 부모를 비롯하여 친척어른, 선생 등 연고자 의 말을 따르는 것을 하나의 덕행으로 여겨 왔다.

오랜 세대에 걸쳐 이런 행동에다 가치를 부여해 오다가 이 제는 하나의 문화적 관습이 된 것으로 본다.

순종이란 존중하는 분의 의사와 내가 받드는 집단의 이념 과 지시를 따르는 것으로 다음과 같은 유형으로 나누어 볼 수 있다.

• 어른의 말 또는 지시를 따름

- 내가 받드는 집단의 뜻을 따름
- 법과 사회규정을 따름
- 종교의 교리를 따름
- 내가 한 서약을 따름
- 배우자의 말을 따름
- 고용주의 지시를 따름

우리는 순종과 관련된 역사적 변화에 대해서 알고 있어야
한다. 우리의 조상은 왕(임금)에게 무조건 충성을 강요당했
다. 임금에 대한 충성이 부모에 대한 효보다도 더 위에 있었
다. 전제주의적 정치체계하에서 위계적인 사회체계가 유지되
었고 그 체계 밑에서 군주와 권력자에 대한 무조건적인 순종
이 행하여졌다.

이러한 체계하에서도 부모에 대한 효는 그 성질이 달랐다.
효는 나를 낳아 주시고 키워 주신 부모의 은혜에 감사하고,
이 막중한 은혜를 갚기 위해 자녀가 행하는 인간의 천성(天
性)에서 우러나는 자연적 행위인 것이기 때문이다.

새 시대에는 통치자와 권력자에 대한 복종과 부모에 대한
순종을 구별해야 한다. 통치자와 권력자에 대해서는 그들의
행실이 부당하다고 판단할 때는 복종하지 않을 수 있게 되었
다. 투표행위를 포함한 정치사회적 수단으로 이런 불복종을

실행할 수 있게 되었다.

부모님의 말씀이나 지시에도 무조건 순종해야 하는 것은 아니다. 예기(禮記)에는 부모님의 말씀이 도저히 받아들일 수가 없는 내용이면 자녀는 그분들에게 이견(異見)을 제시할 수 있다고 했다. 이것을 부모님에게 간(諫)을 하는 것이라고 했다(예기, 하 12). 그러나 자녀는 간하되 어디까지나 공손하고 부드럽게 부모님의 말씀에 그릇된 점이 있음을 말씀드려야 한다고 했다.

어른에게는 자기들이 지켜야 할 책임, 의무, 올바른 행위가 있고, 자녀에게도 그들이 준수할 책임, 의무, 올바른 행위가 있다. 이렇게 서로가 상대편이 기대하는 자신의 의무와 행위를 수행할 책임이 있는 것이다.

오늘날 진보적인 어른은 무조건 젊은 사람들에게 순종을 요구하거나 기대하지 않는다. 자기들 스스로 젊은 사람들의 모범이 되고 이들에게 도움이 되는 일을 해서 이들이 자기를 따르도록 하는 경향이다.

이렇게 해서 젊은이의 마음에서 우러나는 순종을 받자는 것이다. 즉 순종을 사는 것이다. 세대 간의 관계가 호혜적이고 평등한 방향으로 진전됨에 따라 이렇게 어른 측에서 순종을 사는 방식은 시대적 변화에 맞는 것이라고 볼 수 있다.

서로 섬기는 관계에서는 무엇보다도 윗사람과 아랫사람,

젊은 사람과 고령자가 서로의 권리와 의견을 존중하고 상대편이 기대하는 사회적 규범과 에티켓을 지켜 나가는 것이다.

:: 순종과 예의

전통적으로 가족원들 사이의 관계가 부모를 중심으로 세대, 연령 및 성별에 따라 조정되었다.

가족원들은 가장과 고령의 가족원을 존경하고 그에게 순종했던 것이다.

이렇게 하는 것이 가정의 규율이고 어린이는 이 규율을 지키도록 어릴 때부터 사회화되었다. 규율은 사회구조를 이루는 하나의 필수적인 요소이다.

규율은 어릴 때부터 받아 온 자제된 행동을 말한다. 부모 —특히 어머니—는 어린아이에게 사랑을 베풀면서 올바른 행동의 규율을 가르친다. 이런 사회화 과정에서 아이는 어머니의 요구와 기대에 순종하는 버릇을 기르게 된다.

자라서 학교에 가면 계속 이런 규율을 지키고, 착한 행동을 하도록 교육을 받는다. 예의범절(禮儀凡節)—에티켓—은 이런 과정을 통해서 테두리를 갖추게 된다.

동아시아 나라들에서는 지금도 이러한 가정에서의 사회화

와 학교에서의 예절교육을, 과거보다는 약하지만 서양사회보다는 더 적극적이고 의무적으로 행하고 있다. 그래서 서양사람들과 비교하면 동아시아 사람들은 어른에게 더 순종하는 성향을 가진다.

한편 business 영역에서는 윗사람에 대한 순종이 기업조직 setting에서 이루어진다.

업무와 관련된 회사의 규약을 지키고, 생산성을 최대한으로 성취하기 위해 상사의 지시를 의무적으로 따르는 것이다. 영리 추구를 목적으로 하는 조직체 내에서 윗사람과 아랫사람이 지시─복종의 관계를 이루는 사회계약적 순종이 이루어진다.

:: 순종과 문화적 차이

순종으로 하는 섬김에 대해서는 서양과 동양 사이에 문화적 차이가 있다. 동양은 소위 위계적이고 집단주의적인 문화를 가지는 경향이며 서양은 개인주의적이고 평등주의적인 문화를 가진다.

위계적인 문화에서는 윗사람의 지시를 아랫사람이 받는 경향이 뚜렷하며 비위계적인 사회에서는 두 사람이 처해 있는 맥락에서 상호 평등의 원칙에 따라 서로의 의견을 받아들이는 조치를 취한다.

서양에서는 순종은 바람직하지 못한 문화적 행위라고 보는 경향이 있다. 20세기 중반부터 서양문화에서는 권위에 대한 존경이 현저히 줄어 들었다. 개인의 윤리도덕적 판단을 더 중요시하게 된 것이다.

그러나 부모에 대한 순종은 그 성질이 다르다.

Kant(1964)는 성인 자녀가 부모로부터 어릴 때 받은 은혜에 감사할 의무는 영원하고 성(聖)스러운 의무라고 하였다. 그리고 그는, 감사는 우리에게 친절을 베푼 사람을 존경하고 섬기는 뜻이 내포되어 있다고 했다.

영국의 윤리학자 블랙스톤(Blackstone, 1856)의 말도 생각이 난다.

> "우리를 이 세상에 출생시킨 부모에게 당연히 순종하고
> 이분들을 존경해야 한다."

서양 석학들의 이 말들은 부모에 대해 자녀가 순종할 의무가 있음을 시사한 것이다. 이들의 말은 앞서 인용한 동양의 공자와 그 제자가 한 말과 그 내용이 다를 바가 없다고 본다.

그런데 시대의 변화에 따라 순종해서 하는 섬김방식이 점차 수정되어 가고 있다. 싱가포르대학의 K. Mehta 교수(1997)

는 싱가포르 사람들을 조사한 결과 어른에 대한 순종/복종의 표현이 친절과 공손으로 변하고 있음을 발견했다. 그리고 대만, 필리핀, 태국 등 동아시아 나라들을 조사한 미시간대학의 B. Ingersoll-Dayton과 C. Sangtienchai(1999) 교수는 어른의 이야기를 귀담아듣는 것을 어른의 말을 따르는 존경방식으로 사용하고 있다고 하였다. 그리고 한국에서 조사한 성규탁·김한성(2003) 교수는 어른과 의논하는 방식이 어른의 의견을 따르는 방식으로 사용되고 있다고 하였다.

사실 한국에서도 순종/복종보다는 귀담아듣는 사례들이 흔하다. 어른을 찾아 의논하고 자문과 충고를 받는 방식도 사용되고 있다, 어른이 제공하는 정보, 충고, 의견을 따르는 것이다.

앞으로 세대 간의 대등하고 공평한 관계 속에서 대화가 널리 행해지면 이런 수정된 순종방식이 더욱 널리 사용될 것으로 본다. 근년에 일어나고 있는 이러한 변화는 새로운 시대적 동향을 반영하고 있다고 본다.

* * * * *

한국을 비롯한 동아시아 나라들은 권위주의적이고 가부장적인 세대관계를 벗어나 더 평등하고 호혜적인 관계를 바탕으로 어른 세대와 젊은 세대가 서로 섬기는 방향으로 나아가고 있다고 본다. 나라에 따라 그 속도가 다를 뿐이다.

어른에게 순종하는 존경방식은 동아시아에서 아직도 널리 통용되고 있다.

그러나 새 시대에는 일방적인 순종이 아니리 윗사람과 아랫사람이 서로 존중하는 바탕에서 서로의 의견과 결정을 받아들이는 공평한 교환관계 속에서 이루어져야 하겠다.

순종으로 하는 섬김은 나라의 사회문화적 환경의 변화에 따라 조정되어야 할 비교적 까다로운 섬김 에티켓이라고 본다.

제14장

'이웃'을 섬김

[섬김방식 12]

이웃과 사회의 모든 성원들에게 보살핌과 서비스를 제공하는 섬김방식이다.

가족 중심적으로 행해졌던 효는 가족의 역을 넘어 이웃 나아가 넓은 사회의 어른과 일반인을 돌보고 지원하는 폭이 넓은 섬김방식으로 발전해 가고 있다.

원래 경전에는 가족 안의 어른을 모시듯 이웃과 나의 가족이 아닌 어른도 섬겨야 한다고 교시되어 있다.

공자는 어른 섬김의 실천범위를 확대하여 가족이 아닌 이웃과 사회의 어른을 섬겨야 한다고 다음과 같이 말했다.

"가족 내의 어른을 존경하듯 다른 가족에 속하는 어른들도 존경해야 한다."(효경 2)

가족의 한계를 넘어 이웃과 사회의 모든 사람에게 예의 바르게 행동할 것을 촉구한 말이다.

유교윤리의 중심적 교리는 인(仁)에 기초한 것인데 인을 실천에 옮기는 가장 기본적 방법이 부모를 비롯한 가족과 이웃을 사랑하는 것이다. 그래서 인을 넓은 사랑이라고 한다.

동아시아 문화에서 중요시되는 가치는 바로 이러한 넓은 사랑에 뿌리를 두고 있다.

인의 실천적 원리는 '측은지심'이다.

맹자는 사람마다 '측은지심'(惻隱之心)을 가진다고 했다.

'측은지심'은 모든 사람을 딱하게 여기며 내 몸과 같이 사랑하고 섬기는 것이다. 배가 고픈 사람을 보면 나 스스로가 배고픔을 느끼고, 물에 빠진 사람을 보면 뛰어들어 건지고, 모든 사람을 온정과 자비심을 가지고 자발적으로 섬기는 것이다.

맹자는 측은지심이 바로 인의 출발점이라고 했다.

동아시아에서 인은 전통적으로 효를 통하여 실현되었다(동금유, 2010; 송복, 1999).

가족규모가 작아지고 흩어져 살며 많은 가족들의 자체 지원능력이 낮아지고 있는 현실을 보아 이웃공동체가 이제는 가족을 지원하는 사회복지체계를 갖추어야 할 필요성이 커지고 있다.

이웃공동체를 이끌고 가는 힘은 서로를 돌보는 인의 가치, 측은지심의 도리이다. 이 도리를 바탕으로 사회생활의 기본

윤리인 상호 존중하며 이웃을 섬기는 에티켓이 지켜져야 하는 것이다.

경로일과 경로주간을 지키고, 어른들의 인권, 지위 및 안전을 위한 규칙을 지키고, 지역사회 경로서비스와 경로운동을 추진하고, 고령자의 사회활동 참여를 위한 기회를 확대해야 하겠다.

그리고 버스나 지하철에서 자리를 어른에게 양보하고, 무거운 것을 나르는 어른을 돕고, 어른에게 차편을 제공하는 등 개인적인 돌봄도 이웃 섬김을 하는 방법이다.

젊은 사람을 위해서도 위와 유사한 프로그램이 실행되어야 한다.

젊은 사람과 고령자가 서로 섬기는 호혜적 관계는 위와 같은 측은지심에서 시작되는 것이며 이 관계는 사회체계를 인간화해서 안정시키는 '접착제' 역할을 한다.

퇴계가 논한 바와 같이 부모-자녀 간의 윤리적 관계는 자(慈)와 효(孝)의 두 가지 덕(德)을 실천함으로써 이룰 수가 있다. 자는 부모가 자녀에게 인자스럽게 베푸는 것이고, 효는 자녀가 부모를 섬기는 것이다.

이러한 '호혜적 부모 자녀 관계'가 바로 현대 한국인들이 발전적으로 재조명해서 이웃과 사회로 확대하도록 재정립해야 할 과제라고 본다.

오늘날의 시대적 흐름은 권위주의적이고 일방적인 인간관

계로부터 남녀노소가 서로 존중하며 돌보는 호혜적 섬김으로
전환해 가고 있다.

개개 가족의 생활형편, 자조(自助)능력, 응집력이 다르기는
하지만, 한국가족들의 공통점은 가족원들이 의무적으로 서로
돌보아 나가는 호혜적 섬김을 계속하고 있는 점이다.

지역공동체를 통한 서로 섬김

이런 노력과 함께 이웃과 지역사회의 자원을 활용하는 방
안을 개발해 나가야 하겠다. 사회적 지원망은 긴요한 자원이
다. 친척, 친구, 이웃, 사회단체/그룹과의 호혜적인 섬김관계
를 이루어 필요할 때 서로 도와 나가는 수단이 되는 것이다.
아울러 고령자와 연소자의 사회적, 심리적 및 신체적 필요에
따라 사회복지서비스를 비롯한 가족 외부의 돌봄자원을 활용
할 수 있어야 한다.

서양사람들도 이웃 섬김을 하고 있다. 이의 대표적인 방법
이 '지역사회 보살핌(community care)'이다. 지역사회 내의 개
인, 가족, 집단, 단체가 가지는 다양한 자원을 동원하여 지역
내의 노인과 가족이 필요로 하는 서비스를 제공하는 종합적
인 사회복지사업이다.

그런데 우리도 이와 비슷한 사업을 한 역사적인 업적이 있
고 지금도 비슷한 노력을 하고 있다. 좋은 예로 앞서 소개한

향약(鄕約)과 계(契)를 들 수 있다.

퇴계는 가족 중심의 효로부터 이웃 중심의 사회화된 돌봄으로 범위를 확대하고자 향약(鄕約)을 입조(立條)해서 지역사회를 위한 구제사업의 길을 열었다. 그리하여 가족은 물론 이웃공동체의 여러 사람들이 서로 섬기는 에티켓의 모형을 제시했다.

오늘날 다수의 가족들은 가족 바깥의 공식적 서비스를 별로 받지 못하고 있다.

사회적 원조의 양과 질을 다 같이 높여야만 가족들의 다양한 욕구를 충족할 수 있다.

구체적 방안으로서 사회복지기관은 노부모와 가족원들 사이의 관계 형성 및 유지를 돕는 한편, 이들을 위한 서비스를 확장하고 이들이 정상적인 심리적 및 신체적 상태를 유지하도록 도와야 한다.

고령자들의 경우 비상금 및 활동비에 대한 욕구는 사회활동 욕구와 연관 지어 생각할 수 있다. 복지기관은 노인능력은행, 직업안내소 및 다른 노인복지기관들과의 긴밀한 협력관계를 이루어 고용기회를 제공함으로써 경제적 상태의 호전을 도모하는 한편, 고령자의 특성에 맞는 자원봉사프로그램을 개발함으로써 활동욕구를 충족하도록 노력해 나가야 하겠다.

서비스 활용에 영향을 미치는 요인들은 서비스에 대한 정보 부족, 고령자들의 신체기능상의 문제, 사회적 고립, 교통

문제 등일 수 있다. 복지기관은 고령자들에게 서비스에 대한 정보를 제공하는 동시에 지역사회 및 관련 기관들과 협력하여 노인들을 욕구 충족에 적합한 서비스와 연결해 주어야 한다. 또한 서비스프로그램을 활용할 수 없는 노인들을 위해서는 이분들을 직접 찾아 돕는 추적서비스를 개발하여 도와야 할 것이다.

고령자들의 욕구는 매우 다양하기 때문에 많은 서비스프로그램을 개발해서 그 종류와 내용을 다양화할 필요가 있다.

지금까지의 노인복지는 노부모를 부양하는 가족에게 일차적 책임을 지도록 한 후 거기에 필요한 보충적인 혜택만을 제공해 왔다. 핵가족이 많이 늘어나고 있음을 고려할 때 노인부양의 일차적 책임을 소가족에게만 지도록 하는 데에는 문제가 있다. 따라서 가족의 역을 넘어서 보다 넓은 이웃과 사회에 뻗어 나간 현대적 섬김을 실천하기 위해서 가족－지역사회－국가가 연계하여 상호 보완적 기능을 수행하는 방향으로 나가야 할 것이다.

현대 산업사회에서 시장경제적인 이유로 많은 가족들은 자체의 능력만으로는 이 기능을 감당하지 못하고 있다. 그리고 가족은 부양에 관한 전문적 지식과 서비스를 갖지 못한다. 따라서 어려움에 처한 가족에게 국가사회는 정보와 지원서비스를 제공해 주어야 한다.

우리는 민주사회에서 살고 있다. 서로 돌보는 호혜적 관계도 이제는 가족원 개개인의 평등과 자유, 그리고 인권을 존중하는 가운데서 이루어져야 하겠다.

모든 사람들에게 통용되는 섬김의 기준을 둘 필요가 있겠으나 한편으로는 각각의 부모-자녀의 짝이 처해 있는 가족적·경제적 및 사회적 형편에 맞는 섬김을 실행할 필요가 있다.

서로 돌보는 관계에서는 고령자도 젊은 사람들과의 관계를 조정할 필요가 있다. 새로운 노인상을 제시하자는 것이다. 새 노인상을 형성하기 위해서 고령자는 적어도 다음과 같은 점을 고려해야 할 것으로 본다.

젊은 사람들의 인격과 자유를 존중해 주고, 책임 있는 부모와 윗사람이 되고, 젊은 사람들과 조화로운 관계를 유지하고, 이들로부터 받은 도움에 감사하고, 이들에게 애정을 표시하고, 이들이 가지는 어려움에 동정하고, 이들을 보살피고 지원하는 노력이 필요한 것이다.

이러한 노력을 통해서 시대적 변화에 알맞은 세대 간의 호혜적 섬김관계를 발전해 나가는 한편, 이웃과 공동사회의 지원과 정부가 개발하는 사회보장 및 복지사업을 통합해서 종합적인 사회복지체계로 발전시켜 나가야 하겠다.

제15장

'상장례'와 '제례'로 섬김
[섬게김방식 13]

부모와 친족 또는 연고가 있는 분이 돌아가신 후 상례(喪禮: 돌아가신 분에게 올리는 예식)와 장례(葬禮: 매장을 위한 예식), 그리고 제례(祭禮: 조상에게 올리는 제사)를 경건하고 엄숙하게 올림으로써 고인에게 경의와 애정을 표하는 방식이다.

한국인의 생활에서 상장례(喪葬禮)와 제례는 매우 중요한 의례이다.

자녀로서 부모의 상장례와 제례를 올리는 것이 매우 엄숙하고 막중한 의무임을 예기(禮記)에 자세히 말해 놓았다(예기, 곡례, 하 2).

:: 상장례

돌아가신 부모와 친족 또는 친지를 위한 상장례는 사람의 일생에서 가장 감동적이고 엄숙한 행사이다. 서거하신 부모님에게 효도를 계속하고, 고인이 된 친지에게 우정을 표하는 에티켓의 실행이다.

우리나라를 비롯한 동아시아 나라들에서는 친족과 친지가 사망하면 고인의 빈소를 찾아 문상을 해서 상주와 그의 가족을 위로하고, 어려운 일을 도와주고, 친족과 친지간의 유대관계를 돈독하게 하는 관습이 이어지고 있다.

맹자는 다음과 같이 상례가 중요함을 지적했다

> "상례는 자녀의 일생에서 부모를 존중하는 가장 중요한 행사의 하나이다."(맹자 滕文公章句上 5, 2)

그리고 논어(3, 4)와 중용(中庸: 19)에는 공자의 다음과 같은 말이 있다.

> "사망한 부모에 대한 조의를 표하는 데는 형식적 의례보다는 마음속으로 슬퍼하는 것이 더 중요하다."

위의 말과 같이 돌아가신 부모에 대한 애도를 표하기 위해 효심으로 장례의식을 올려야 한다.

의식을 올리는 데 있어 자녀는 특별한 의복을 입고 통곡을
하여 슬픔을 표시한다.

한편 돌아가신 분이나 그분의 가족원과 친밀한 관계를 가
지는 경우, 그분의 자택(상가) 또는 영안실, 장례회관으로 문
상을 간다.

문상의 기본 뜻은 돌아가신 분의 죽음을 슬퍼하고 상주와
유가족을 위로하는 데 있다. 우리의 사회생활에서 행하는 매
우 중요한 에티켓이다.

조문객이 많이 기다리는 빈소에서 상주에게 하는 인사는
다음과 같이 짧은 편이 좋다.

"어른께서 작고하셔서 얼마나 애통하시겠습니까?"
"상주님의 효심을 감지하고 있습니다."

조문(弔問)을 할 때는 대개 검은 복장에 검은 넥타이를 한다.
흰 복장을 하는 사례도 있다. 화려한 옷차림, 장신구, 화장을
삼간다. 여성은 어두운 빛의 정장이나 원피스를 입고 간다.

호상소에서 조객록(弔客錄)에 서명하고 부의금 또는 조위
품을 전달한다(부의금은 슬픔을 나누고 도와주는 뜻에서 주
는 것이다. 부의금을 넣은 봉투에는 '부의'라고 적고, 연월일,
금액, 문상자 이름을 적는다).

빈소에 들어가 영정 앞에서 헌화 또는 분향을 한다. 향의 경

우 세 번 눈높이로 올렸다가 향로에 꽂는다. 두 번 절을 한다. 믿는 종교에 따라 합장, 묵념 또는 십자가를 그을 수 있다. 상주에게 맞절을 하고 나서 애도의 뜻을 전한다. 긴 말은 나중에 하고 이때는 간략하게 위와 같이 조문의 뜻만을 전한다.

애도의 편지를 할 경우는 자필로 써서 보낸다. e-mail로 하는 것은 정중하지가 못하다.

장례가 끝난 후 대화나 편지로 더 길게 조의를 전할 수 있다.

맹자(孟子)(2, 2: 7)에는 부모의 유체를 매장하는 데 있어 외관(外棺)과 내관(內棺)을 사용하는 점까지 설명해 놓았다. 질이 좋은 관을 선택하는 것은 사별한 부모에 대한 자녀의 애정과 경의를 표시하는 것이다.

장의사, 산소 및 비석도 돌아가신 부모에 대한 애정, 경의, 의무감으로 선택한다. 장례가 끝난 뒤에도 가족에 따라 오랜 기간 애도를 한다.

:: 제례

공자는 "조상에 대한 제사를 경건하게 모셔야 한다"고 했다(논어 3, 12).

"부모가 살아 있을 적에는 예로써 섬기고, 죽으면 예로써
장시 지내고, 예로써 제사를 지내면 효스럽다고 할 수 있
다."(맹자, 5 滕文公章句上, 2)

전통적으로 한국, 중국, 일본을 포함한 동아시아 문화권에
서는 조상에 대한 제례는 후손이 수행해야 하는 매우 무거운
의무로 되어 왔다. 이 점은 서양문화와 다르다.

돌아가신 조상을 위한 제사는 기제, 차례, 시제가 있다. 기
제는 돌아가신 날[忌日] 저녁에 지낸다. 차례는 정월 초하루
와 추석날(기타 명절) 아침에 지낸다. 설날에는 집 안에서 지
내고 한가위에는 흔히 묘지에서 지낸다. 시제는 문중일가가
모여 5대 조상 이상의 모든 조상을 위해서 그분들의 묘 앞에
서 봄가을 가운데 달에 날을 골라 지낸다. 추수가 끝나고 햇
곡식으로 장만한 음식과 과일로 조상에게 감사의 뜻을 전하
고 집안의 평안과 영속을 기원한다(제사상을 차리는 방법과
제사를 올리는 절차에 대해서는 '생활예절'에 관한 책을 참
고하기를 바람).

:: 서양사람의 경우

서양에서도 장례에 관한 예의는 매우 신중하고 격식 있게

갖춘다.

　다음은 영국사람들이 지키는 장례 에티켓의 요점들을 간추린 것이다. 이 요점들은 미국인을 포함한 서양사람들이 일반적으로 지키는 상장례 에티켓이다.

- 부고를 받으면 곧 애도와 조의를 표하는 메시지를 전하거나 직접 문상을 한다.
- 문상을 할 때는 상주와 그의 가족을 위하여 데워서 먹을 수 있는 케사롤이나 기타 먹을 것을 가져간다. 초상집에서는 식사를 해 먹을 겨를이 없는 경우가 많기 때문이다.
- 조의를 표하는 메시지에는 상가에게 무엇을 도와주겠다는 내용을 적으면 좋다. 아이 돌보기, 청소, 쇼핑, 손님 안내, 대외 연락 등을 해서 도와줄 수 있다.
- 상주가 돌아가신 분에 관해서 이야기를 하는 모임을 가지겠다는 뜻을 전해 오면 상가를 방문해서 그 이야기를 하도록 한다. 고인에 대한 감동적이고 잊지 못할 일에 대한 회고담을 하는 것이다.
- 조화, 조문 또는 조문카드를 보내는 것이 바람직하다. 상가에서 이것을 사양하는 경우에는 고인의 이름으로 자선단체에 기부를 하거나 가족이 먹도록 과일이나 음식을 보낼 수 있다.
- 상복(喪服)은 시대의 흐름에 따라 변하였다. 반드시 검은색의 옷을 착용해야 되는 것은 아니만, 검은색의 보수적

의복은 경의를 표하는 것이다. 어느 경우든 장례식에 참석하는 데는 밝은색의 의복, 유행되는 의복, 사치스러운 의장은 금물이다.

- 장례식장에 가면 다른 조상객들과 이야기하기 전에 먼저 상주에게 조문하는 것이 옳다.
- 장례식장에 이르면 망인(亡人)의 관 옆으로 다가가서 묵념을 하는 것이 예의이다.
- 고인과 가까운 사람은 관을 메는 역할을 하도록 부탁을 받는다. 이 역할을 맡는 것을 큰 영광으로 생각한다.
- 장례절차는 종교의식의 유형에 따라 다르다. 이 절차를 미리 알아 두는 것이 좋다.
- 식장에 들어가기 전에 손전화와 전자통신장치는 모두 끈다.
- 추도사와 고별사를 경건하게 듣는다.
- 만약 자신이 추도사를 하게 된다면 고인과 그의 가족에 대한 경의를 표하고 위로하는 말을 한다. 고인에 대한 잊지 못할 일, 고인과 함께 즐기던 일 등 고인에 대한 긍정적인 이야기를 한다. 유족을 난처하게 하는 말은 피한다.
- 식장에서는 가족, 친척, 친구가 앞줄에 앉고 고인의 사업상 동료와 일반사람들은 뒷줄에 앉는다.
- 장의사와 장례식장에서는 지정된 장소 외에서는 음식을 먹거나 껌을 씹지 않고 주변 사람들과 이야기를 하지 않는다.
- 기침을 오래 하게 될 경우는 자리를 뜨는 것이 좋다. 소란을 피우는 어린이도 자리에서 물러가도록 한다.

- 장지로 가는 행렬에서는 자동차를 천천히 운전하며 앞 등을 켜고 경건하게 진행한다. 행렬에 참여하는 차에는 스티커를 붙이기 때문에 일반인의 차와 구별되어 속도를 낮출 수 있다.
- 매장이 끝나면 모두 리셉션에 초대된다. 이 리셉션은 상주의 집, 고인과 친한 친구의 집 또는 음식점에서 열린다.
- 이때 어린이는 데리고 오지 않도록 한다.
- 조의를 표하는 선물 등을 받으면 감사하다는 메시지 또는 카드를 보낸다. 이런 인사는 장사 후 한두 달 내에 하면 된다.

장례식장에서는 어떤 말을 하면 좋은지 잘 모른다. 가장 중요한 것은 애통하는 상주와 그의 가족을 위로하고 지원하는 것이다.

서양사람들은 제사를 지내지 않는다. 그러나 가족에 따라서는 기일(돌아가신 날)에 교회와 사원에서 예배를 올린다.

한국을 포함한 동아시아 나라들에서는 산업화·도시화되고 다종교적·다문화적 사회가 됨에 따라 생활조건이 변화하면서 상장례가 가정 바깥 병원 영안실에서 치러지는 사례가 늘고 있다. 그리고 상장례의 절차와 형식이 가족의 형편에 따라 간소화되고 있다.

그러나 돌아가신 조상을 위한 상장례와 제례는 변함없이 지켜지고 있다. 다만 그 표현방식이 수정되고 있는 것이다.

제16장

韓·中·日의 공통점

저자는 한국, 중국 및 일본에서 나라별로 실행된 사회조사에서 거의 같은 어른 섬김방식들을 찾아내었다(성, 2011; Sung, 2007). 앞장에서 논의한 여러 가지 유형의 섬김방식들과 대동소아한 방식들이다.

다음에 3개국의 자료를 종합해서 특별히 중요하다고 생각되는 섬김방식들을 소개하고자 한다.

이들 방식을 실천하고 있다고 지적한 사람들의 수(지적빈도)를 바딩으로 분서했다.

첫째로 *존댓말로 섬김*은 한국, 중국, 일본 3개 응답자집단들이 모두 가장 자주 지적한 섬김방식이다.

세 집단들이 이 방식에서 평균등위로 1등을 차지했다(한국 6등, 중국 2등, 일본 1등).

<표 16-1> 섬김방식의 지적빈도 – 한국·중국·일본 응답자 비교

섬김방식	지적빈도			평균등위
	한국 순위(평균)	중국 순위(평균)	일본 순위(평균)	
보살핌	1(62%)	6(3.74)	4(3.78)	2
순종	2(51%)	7(3.72)	7(3.47)	6
의논	3(41%)	12(3.37)	13(2.25)	10
먼저 대접	4(36%)	3(3.95)	5(3.74)	3
인사	5(33%)	5(3.82)	3(3.79)	5
존댓말	6(31%)	2(4.09)	1(4.07)	1
음식 대접	7(23%)	8(3.64)	8(3.11)	7
선물	8(21%)	13(2.79)	12(2.27)	13
외모	9(20%)	1(4.25)	2(3.97)	3
조상 숭배	10(19%)	10(3.58)	6(3.61)	8
이웃 지원	11(18%)	11(3.46)	9(3.04)	11
생일 축하	11(18%)	8(3.64)	11(2.79)	11
윗자리	13(16%)	4(3.90)	10(2.94)	9
장례	14(9%)	×	×	14

평균등위＝(중국등위 + 일본등의 + 한국등위)/3
％＝각 방식 지적자 수/총 지적자 수(한국자료에 한함)
×＝자료가 없음.

둘째로 높은 등위를 받은 방식은 *보살펴서 하는 섬김*이다. 한국 1등, 중국 6등, 일본 4등이다. 한국응답자들이 제일 자주 실행하는 방식이다.

셋째로 *먼저 대접해서 섬김*과 *외모로 섬김*은 다 같이 3등위를 차지했다. 먼저 대접 방식은 3개 집단들이 비등하게 자주 실행했고, 외모방식은 중국이 1등, 일본이 2등, 한국은 9등이다. 중국과 일본에서 가장 자주 실행되었다. 외모를 갖추어 하는 존경이 동아시아에서 광범위하게 실행되었음을 시사한다.

다음은 *인사로 섬김*인데 5등위이다(한국 5등, 중국 5등, 일본 3등). 이 섬김방식이 비교적 높은 등위를 차지하였다. 세 나라에서 고르게 자주 실행되었다.

이상 3개 집단들이 5개 존경방식들을 지적한 빈도에 따른 등위를 살펴보았다.

이들 5개 방식들의 총 평균 지적빈도(5단위측도에 기초함)를 보아 대략 '자주 실천함'의 범주에 속한다[이 조사에 대한 자세한 내용은 성규탁, "어른을 존중하는 중국, 일본, 한국 사람들"(2011)을 참조하기를 바람].

이상 아래와 같은 현저한 섬김방식들이 드러났다.

1. 존댓말로 섬김
2. 보살핌으로 섬김
3. 외모로 섬김
4. 먼저 대접해서 섬김
5. 인사로 섬김

표 16-1를 보면, 지적빈도에 따른 등위에서 나라마다 약간의 차이가 엿보였다. 이 차이는 표본(응답자들)의 대표성 부족으로 발생하였을 가능성이 없지 않다.

종합해서 실천한 빈도를 보면, 보살펴서 하는 섬김과 순종으로 섬김은 한국집단이 제일 자주 실행하였다(1등, 2등). 의논을 통한 섬김도 한국집단이 자주 했다.

한편 먼저 대접해서 하는 존경과 인사를 통한 존경은 3개 집단들이 비교적 고르게 자주 실행했다. 존댓말은 일본과 중국에서 제일 자주 했고, 외모로 섬김도 중국과 일본에서 제일 자주 행해졌다. 조상 숭배는 일본인이 제일 자주 하였다.

성별(남녀)에 따라 평점에 변화가 있다. 여성은 보살핌으로 하는 섬김을 자주 실천하였고, 남성은 조상 숭배와 이웃 섬김을 자주 하였다. 동아시아의 대다수 여성은 아직도 고령의 부모를 돌보는 역할을 하고 있다. 남자는 가족 안팎의 자원과 사회적 영향력을 관장하고 있는 것이다. 이 자료는 남녀 간의 역할 차이를 반영하는 것으로 보인다.

이런 변화가 있기는 하나 섬김방식들에 주어진 평균치들 간의 근소한 차이를 보아, 3개 비교집단들 간의 차이는 비교적 적은 것이라고 볼 수 있다. 사실 저자가 3개국에서 조사를 진행하면서 관찰한 바에 의하면 대부분의 방식들이 이들 나라에서 비슷하고 고르게 실천되고 있었다. 이들 동아시아 나라들의 문화적 공통성을 보여주는 것이다.

제17장

어른 섬김-
한국인과 미국인의 비교

　에티켓의 근본은 나와 다른 사람과의 사회관계를 이룩하는 데 있어 서로를 존중하는 것이다. 그런데 다른 문화권의 사람들이 어떻게 존중하고 있는가 의문이 생긴다. 문화권에 따른 차이를 알게 되면 서로의 문화적 맥락에 맞는 에티켓을 실행하는 데 도움이 될 수 있다.

　어른을 섬기는 방법은 문화권에 따라 차이가 난다. 문화적 가치가 어른을 섬기는 태도와 행동에 영향을 끼치기 때문이다. 문화권에 따른 태도와 행동의 차이를 조사하려면 우리의 문화적 맥락에서 관찰할 수 있는 행동과 태도를 다른 나리의 것과 비교해서 양자 사이의 차이점과 유사점을 가려내어야 한다.

　어느 사회에서든 사회적 변화를 알아보기 위해서는 먼저 그 사회의 젊은 사람들의 생각과 행동을 알아볼 필요가 있다.

이들 젊은이들은 장차 국가사회의 중요한 성원이 될 사람들이다. 따라서 이들이 어른 섬김을 어떻게 생각하고 실행하느냐의 문제는 사회적으로 중요한 관심사가 된다.

고령자에게는 음식, 주택, 보건 및 안전이 모두 긴요한 조건들이다. 그러나 이들에게는 또 하나의 매우 긴요한 조건이 있다. 그것은 존경을 받는 것이다.

존경은 이분들의 생활의 질을 높이는 요인이 된다. 존경이 없는 데에서는 노인들에게 긍정적인 태도를 가질 수 없으며 이분들을 예의를 갖추어 섬길 수도 없는 것이다.

본 연구는 한국의 대학생과 미국의 대학생이 어른을 존경하는 방식들을 비교하였다.

두 문화에서 동일하게 사용되는 존경방식과 한 문화에서만 실행되는 방식을 각각 식별하고, 존경방식과 연관된 문화적 특성에 관해서 살펴보았다.

이 연구에서 도합 14가지의 존경방식을 가려냈다. 보살핌으로 하는 존경에서부터 조상에 대한 존경에 이르는 다양한 방식들이다.

[본 연구를 위한 조사방법에 대해서는 저자의 "어른을 존중하는 중국, 일본, 한국 사람들"(2011)을 참조하기를 바람.]

한국 내의 조사: 서울 소재 대학에서 211명, 시골 소재 대학에서 190명을 각각 선발했다. 이 학생들은 사회과학 분야

의 12개 학반들에서 청강하고 있었다(학반의 크기=9~52명). 학반들은 무작위로 선출하였고 학생들의 95%가 설문에 응답하였다.

미국 내의 조사: 미국표본의 256명은 미국 중서부에 있는 대학에서, 245명은 미국 서부에 있는 대학에서 각각 선발되었다. 인종별로 보면, 71%가 백인, 12%가 흑인, 12%가 라티노(멕시칸계 미국인), 5%가 아시아계 미국인들이다. 서부에 있는 대학에는 라티노와 아시아계 학생들이 동부의 대학보다 더 많았다(24.6% vs. 9.1%). 학생들은 무작위로 선발한 합계 18개 사회과학 학반들에서 청강하고 있었다. 각 학반에서 약 85%의 학생들이 설문에 응답하였다.

한국과 미국의 대학생들은 다음과 같이 유사성을 가진다. 첫째, 연령이 비슷했고(한국인: 23.5세, 미국인: 23.1세), 성별은 한국인 남자는 55%, 여자는 45%, 미국인 남자는 51%, 여자는 49%이고, 교육수준(한국: 4학년 44%, 대학원생 56%; 미국인: 4학년 48%, 대학원생 52%)이다. 조사도구(설문)와 측정도구(어른 존경방식을 지적한 빈도와 이들 방식들에 주어진 중요성의 정도)를 사용하여 두 문화권에서 조사하였다. 두 조사에서 같은 설문을 사용했다.

[한국자료]

　보살핌으로 하는 존경방식이 가장 자주 지적되었다(62%의 응답자들이 지적함). 두 번째로 많이 지적된 방식은 순종이며, 다음으로 의논해서 하는 존경, 우선적으로 대접해서 하는 존경, 인사해서 하는 존경, 경어를 사용해서 하는 존경이 따랐다. 나머지 방식들은 소수의 응답자들이 지적했는데, 이들은 음식을 대접해서 하는 존경, 선물로 하는 존경, 외모를 갖추어 하는 존경, 일반 어른에 대한 존경, 축하해서 하는 존경, 윗자리를 제공해서 하는 존경, 조상에 대한 존경 및 장례를 통한 존경이다.

　한편 중요성에서는 보살핌으로 하는 존경이 역시 가장 중요한 방식으로 나타났다(3.60＝거의 극히 중요함). 다음으로 중요한 방식들은 의논으로 하는 존경, 순종으로 하는 존경, 경어를 사용해서 하는 존경, 인사를 해서 하는 존경, 우선적으로 대접해서 하는 존경 및 음식을 대접해서 하는 존경이다(극히 중요함에서부터 매우 중요함에 이르는 점수들임). 이 밖의 방식들－선물로 하는 존경, 외모를 갖추어 하는 존경, 일반 노인에 대한 존경, 축하를 해서 하는 존경, 윗자리를 제공해서 하는 존경, 조상에 대한 존경 및 장례를 통한 존경－은 대체로 매우 중요함에서 그대로 중요한 편의 점수를 받았다.

　6가지 방식들(보살핌, 순종, 의논, 우선적 대접, 인사 및 경

어 사용)은 응답자의 30% 또는 그 이상이 지적했으며 중요하
다는 평을 받은 방식들이다.

[미국자료]

미국응답자들에게서는 순종으로 하는 존경이 가장 자주
지적된 방식이다(50%가 지적함). 보살핌으로 하는 존경이 다
음으로 가장 빈번히 지적되었다. 이에 뒤따라 경어로 하는 존
경, 인사로 하는 존경, 의논해서 하는 존경 및 우선적으로 대
접해서 하는 존경이 지적되었다. 나머지 방식들은 5% 또는
그 이하의 응답자들로부터 지적을 받았다.

한편 중요성에서는 보살핌으로 하는 존경이 가장 중요한
방식으로 평가되었고(3.67), 이어 의논, 순종, 인사, 경어 및
우선적 대접으로 하는 존경 방식들이 뒤따랐다. 보살핌으로
하는 존경, 순종으로 하는 존경 및 의논으로 하는 존경은 '극
히 중요힘'의 평가를 받은 셈이고, 인사, 경어 및 우선적 대접
으로 하는 존경 방식들은 극히 내지 매우 중요함의 평을 받
았다. 나머지 여섯 방식들－우선적 대접, 일반 노인 존경, 축
하, 선물, 윗자리 및 음식 대접을 통해서 하는 존경－은 중요
하다고 평가는 되었지만 매우 소수의 미국인들이 이 방식들
을 실천한 것으로 나타났다. 그런데 서부의 학생들은 중서부

의 학생들보다 순종방식을 더 자주 지적했다. 이러한 차이는
아마도 부모에 순종하는 경향이 짙은 라티노와 아시아계 미
국인들이 서부에 더 많이 살고 있어 생긴 것으로 본다.

:: 두 문화적 집단들 간의 차이점 및 유사점

어른 존경 방식들을 좀 더 세별해서 보면, 미국인들은 14
개 방식들 가운데서 6개만을 뚜렷이 실천하였다. 그러나 4%
이하의 미국인들이 실천한 방식을 모두 합한다면 이들이 지
적한 방식은 12개가 된다.

미국인들은 조상에 대한 존경과 장례를 통한 존경만을 지
적하지 않은 것이다. 이 두 가지를 제외하면 두 비교집단들이
대체로 비슷한 숫자의 방식들이 지적된 셈이다.

이러한 결과는 어른 존경이 두 문화적 맥락에서 대체로 유
사하게 표현되고 있음을 나타내는 것이다. 그러나 이 방식들
을 사용한 빈도와 중요성의 정도에서는 차이가 나타났다.

특히 여섯 가지 비교문화적으로 공통되는 방식들을 보아
어른을 존경하기 위해 표현되는 사람들의 행위는 동서양을
막론하고 비슷하다고 볼 수 있다. 즉 두 비교집단들 사이에
공통된 맥락이 엿보이는 것이다. 물론 한국인들이 더 많은 방

식들을 더 뚜렷하게 또 다양하게 실천하였지만 미국인들도
이들 방식들의 대부분을 실천하였다. 다만 그들은 몇 가지 방
식들을 거의 실천하지 않은 데서 차이가 나타났다. 이 점은
평등주의적이고 비계층적인 그들의 문화적 특성을 반영하는
것으로 본다. 우리는 이러한 차이점을 의식적으로 인증하고
이러한 변화에 대해서 오해를 하거나 무관심을 나타내지 말
아야 하며, 오히려 이러한 차이가 사회적 및 문화적 경험의
차이에서 오는 것이라고 해석해야 할 것으로 본다.

대체로 보아 본 연구의 결과는 두 문화들 간의 차이점은
정도의 차이이며 결코 흑백의 차이가 아님을 시사하고 있다.

두 집단들이 다 같이 어른 존경의 가치를 받들고 있기는 하
지만, 존경을 하는 범위와 사용하는 방식들의 종류가 다르다.

끝으로 본 연구에서 나온 결과는 각각의 나라에서 의도적
으로 선정한 대학들에서 부분적으로 무작위 추출한 표본들을
사용해서 얻은 것이다. 따라서 이 결과는 조심스럽게 적용되
어야 하겠다.

제18장

서로 섬김

‘서로 섬김’의 에티켓은 보살핌을 비롯해서 조상 섬김에 이르는 다양한 방식들로 설명될 수 있다.

이들 가운데서 다음의 여섯 가지 방식들이 드러나 보인다.

1. 인사로 섬김
2. 존댓말로 섬김
3. 먼저 대접해서 섬김
4. 보살핌으로 섬김
5. 외모로 섬김
6. 순종으로 섬김

한국과 이웃나라 사람들의 서로 섬기는 방식과 사회적 관행(慣行)을 알 수 있게 되었다. 즉 동아시아 사람들이 공통적으로 지키는 서로 섬김 에티켓의 차원과 내용이 드러난 것이다.

이 방식들 하나하나가 사람과 사람－부모와 자녀, 연장자

와 연소자, 윗사람과 아랫사람-이 서로 섬기는 데 있어 지켜
야 할 사회적 관행 및 도덕적 자세를 알려 준다.

:: 서로 섬기는 사람들

전통적으로 부모 자녀 관계를 다스렸던 동아시아적 가치
는 '부자자효(父慈子孝)'-'부모는 자녀에게 자애롭고 자녀는
부모에게 효를 함'-와 '부자유친(父子有親)'-'부모와 자녀
사이는 친근함'-의 동아시아적 도리이다.

위의 말들은 부모와 자녀는 보살핌을 주고받으면서 서로
섬긴다는 뜻을 품고 있다.

'서로 섬김'은 우리가 시대의 변화에 적응해서 발전적으로
정립해 나가야 할 중요한 과제이다.

그런데 한국, 중국, 일본 등 동아시아 나라들에게 지대한
영향을 끼친 인(仁)의 가치를 행동으로 옮기는 기본적인 방법
은 부모를 비롯한 가족원들과 가족 바깥의 사람들을 모두 사
랑하는 것이다(孟子: 盡心章句 上, 孟子, 離婁章句 上).

공자는 다음과 같이 이러한 넓은 효에 대해 말했다.

> "나의 부모만을 봉양하는 것은 적은 효(小孝)이고, 세상의
> 모든 사람들을 널리 사랑하는 것은 큰 효(大孝)이다"(孟子,

萬章章句 上).

사회 전체를 위한 넓은 섬김이 중요함을 지적한 말이다.

:: 서로 섬기는 관계와 책임

서로 섬기는 관계에서는 무엇을 어느 정도로 상대편에게 해야 하는지에 대한 분명한 지침이 없기 때문에 섬기는 사람의 자유재량에 따라 보살핌이나 지원을 제공하게 된다. 이 경우 서로에 대한 의무감/책임감이 두 사람 사이의 섬김관계를 유지토록 하는 힘이 된다.

의무와 책임을 바탕으로 이루어지는 서로 섬김의 대표적인 사례로서 부모와 자녀 사이의 섬김관계를 들 수 있다.

문화적 맥락에 차이가 있음에도 불구하고 일본과 미국의 노부모를 부양하는 여성들이 다 같이 부모 부양은 가족의 책임이라고 지적한 사실은 인상 깊다(Campbell & Brody, 1985).

노부모를 부양하는 한국인들과 미국인들을 비교한 조사에서도, 부모를 부양하는 첫째 이유로서 두 집단이 다 같이 부모에 대한 의무 내지 책임을 지적한 것이다(Sung, 2007). 책임성과 의무감을 가지고 자녀가 부모를 섬기는 것을 우리는 효라고 한다. 서양 사람들도 어느 정도의 효를 하고 있는 셈이다.

섬김의 에티켓을 지키는 데는 책임과 의무가 수행되어야
하는 것이다.

그러나 가족의 능력만으로 부양책임을 수행할 수 없는 경
우가 많아졌다. 이런 경우 외부의 지원을 받아야 한다. 즉 가
족과 친지로부터 지원을 받고 필요할 때 가족 외부의 사회복
지기관으로부터 지원을 받아야 한다.

:: 사회 변화와 섬김방식

사회 변화에 맞추어 어떤 인간관계가 사람을 사람답게 살
수 있게 하는가에 대한 조명이 필요하게 되었다. 새 시대의
사회생활에 맞는 에티켓을 설정하는 과제이다.

우리가 살고 있는 이 시대는 새로운 지식을 익히기 위해
막대한 시간을 소비해야 하며, 매우 급속한 변화에 적응하기
위해 빠른 속도로 이동하면서 많은 에너지를 소모해야 한다.

이런 과정에서도 서로 섬기는 인간관계의 법칙과 약속-
에티켓-을 새로운 생활환경에 맞게 개발해 나가야 한다.

우리에게 주어진 환경적 조건에 비추어 서로 섬기는 방법
을 가려내고, 섬겨야 할 범위 및 정도를 조정해야 하겠다. 성
숙한 성인으로서 자기실현을 하는 방향으로 서로 섬김관계를
발전시켜 가는 것이다.

이 책에서 소개한 한-중-일 세 나라들은 경제적 발달과 현대화 수준에서 다르다. 그러나 서로 섬김을 하는 방식에서는 고도의 유사성을 엿보이고 있다. 다양한 섬김방식들이 긍정적으로 평가되었으며 거의 모든 방식들이 공통적으로 실천되고 있다.

열세 가지 방식들은 서로 섬김을 설명하는 방편으로서의 역할을 한다. 동아시아 문화권에서 사람을 섬긴다는 것은 이들 여러 가지 방식들을 종합적으로 실행함을 의미한다.

각각의 방식들은 사람이 사람을 호혜적으로 섬기는 데 지켜야 할 에티켓의 기본이 될 수 있다. 앞으로 이 방식들이 섬김의 실태를 파악하는 지표로 발전할 수 있기를 바란다.

:: 새로운 경향

가족 안팎의 변화가 지속되면서 어떤 에티켓은 수정되어가고 있다.

예로, 어른이 말을 할 때 이를 경청하는 것은 순종으로 하는 섬김방식인데(어른이 말하는 대로 언제나 행한다는 뜻은 아니지만) 이 방식이 젊은 사람들 사이에서 널리 통용되고 있다. 이 에티켓은 전통적으로 어른에게 무조건 복종하는 방식이 수정된 것으로 볼 수 있다.

어른과 의논하는 것은 세대 사이의 대화와 상호 이득이 되는 교환을 촉구한다. 젊은이들이 세대 사이의 호혜적인 교환에 관심을 가짐에 따라 이 방식은 앞으로 더 널리 지켜질 것으로 본다. 또한 널리 통용되는 에티켓은 만나는 윗사람에게 절을 하는 대신 악수를 하는 것이다.

사람들의 생명이 연장되어 60회 생신 축하도 요즘에는 70회에 가서 하는 식으로 연기되고 있다.

장례도 단순하게 치르고 제사도 의식을 간소화하고 횟수도 줄이고 있다.

젊은 사람들은 시간이 걸리고 복잡한 인사방식을 피하고 간단하고 짧은 표현방식을 택하고 있다.

부모와 떨어져 사는 자녀들은 부모와 친척 어른에 대한 경의를 전화와 e-mail을 통해 전하고 있다. 떨어져 사는 자녀는 멀리 사는 부모가 필요로 하는 보살핌, 의료 및 사회서비스를 대가를 지불하고 제3자(가족이 아닌 보살핌/돌봄, 서비스를 무료 또는 유료로 제공하는 개인/단체/기관/시설)가 제공토록 하고 있다.

과거보다 간략하게, 편리하게, 시간을 아껴서, 횟수를 줄여서, 경제적으로, 덜 복잡하게, 가족의 형편과 개인적인 사정에 따라 수정되어 가고 있다.

앞으로 이러한 수정된 섬김방식-에티켓-은 더 널리 우

리 사회에서 통용될 것으로 본다.

요약해서 섬김방식의 변화방향을 다음과 같이 정리해 보았다.

- 복잡한 표현 → 간단한 표현
- 길게 하는 표현 → 짧게 하는 표현
- 하기 어려운 표현 → 하기 쉬운 표현
- 여러 번 하는 표현 → 한두 번에 하는 표현
- 비용이 많이 드는 표현 → 비용이 적게 드는 표현
- 자기를 많이 낮추는 표현 → 자기를 덜 낮추는 표현
- 사회적 관행에 따른 표현 → 가족의 형편에 따른 표현

산업화-도시화에 따른 사회 변동에서 오는 사회구조적 변동으로 인하여 사람을 섬기는 방식-행동적 표현-이 위와 같이 바뀌어 가고 있다. 전통적 규범 이외의 요인들 때문에 이러한 변화가 일어나는 것이다.

이러한 변화에도 불구하고 서로 섬김의 기본이 되는 넓은 사회적 효의 기본 가치는 변하지 않고 있다.

[저자가 편저한 "Respect for the Elderly: Implications for Human Service Providers"(어른존경: 인간봉사자가 참고할 자료)(2009년 University Press of America 발행)는 고령자를 돌보는 봉사자들(의사, 간호사, 사회복지사 등)이 존경으로 케어할 필요성을 강조하는 논문들을 실었음.]

참고문헌

[국내]

강영숙, 1990, 누구나 알아야 할 생활예절, 문학아카데미.

김정·이만형, 2000, 예절교육, 한국전례원.

김창훈, 2003, 국제예절과 생활에티켓, 샘터사.

김태환, 1982, 사회학적인 견지에서 본 한국인의 국민성, 국민윤리, 8, 정신문화연구원.

남상민, 2003, 예절학, 박영사.

맹자(孟子).

성규탁, 2011, 어른을 존중하는 중국, 일본, 한국 사람들: 새 시대의 실천방식, 한국학술정보사.

성규탁, 2010, 한국인의 효 Ⅰ권, Ⅱ권, Ⅲ권, Ⅳ권, Ⅴ권, 한국학술정보사.

성규탁, 2005, 현대한국인의 효, 집문당.

손인주, 1992, 한국인의 가치관, 문음사.

송복, 1999, 동양적 가치란 무엇인가?, 미래인력연구소.

송성자, 1997, 한국문화와 가족치료, 한국사회복지학, 32, 160∼180.

신용하, 2004, 21세기 한국사회와 공동체 문화, 집문당.

양승이, 2010, 한국의 상례, 한길서.

엄예선, 1994, 한국가족치료개발론, 홍익제.

예기(禮記).

윤성범, 1975, 현대와 효도, 을유문화사.

이광규, 1981, 한국가족의 심리문제, 일지사.

이정덕, 1981, 한국에서의 이상적 가족에 관한 구세대와 신세대의 다른 가치관에 관한 비교연구, 성곡논총.

이부영, 1983, 한국인의 성격의 심리학적 고찰, 한국인의 윤리관, 한국정신문화연구원.

이이환·송유진, 2008, 생활속의 심리, 청목출판사.

중용(中庸).

차재호, 1983, 한국인의 부정적 성격에 대한 종교학적 고찰, 한국인의 윤리관, 한국정신문화연구원.

최성제, 2010, 고령화사회, 서울대출판부

최재석, 1983, 한국인의 사회적 성격, 개문사.

한국문화재보호협회, 1988, 우리의 전통예절.

한형수, 2011, 한국사회 도시노인의 삶의 질 연구, 청록출판사

황진수, 2011, 노인복지론, 공동체

효경(孝經).

[외국]

CultureGrams, Asia and Oceania, China, 2004. Lindon, UT: ProQuest Information and Learning, 39.

CultureGrams, Asia and Oceania, Japan, 2004. Lindon, UT: ProQuest Information and Learning, 83.

CultureGrams, Asia and Oceania, South Korea, 2004. Lindon, UT: ProQuest Information and Learning, 187~188.

Devine, E., & Berganti, N. L., 2000. *The Traveler's Guide to Asian Customs and Manners*. New York: St. Martin's Griffin.

Harris, P. R., Moran, R. T., & Moran, S. V., 2004. *Managing Cultural Differences*, 6th ed. Burlington, MA: Elsevier Butterworth-Heinemann.

Ingersoll-Dayton, B., & Sangtienchai, C. 1999. Respect for the Elderly in Asia: Stability and Change. *International Journal of Aging and*

Human Development 48, 113~130.

Mehta, K. 1997. Respect Redefined: Focus Group Insights from Singapore. *International Journal of Aging and Human Development* 44, 205~219.

Martin, J. S., & Chaney, L. M. 2006. *Global Business Etiquette*. Westport, CN: Praeger Publishing Company.

Nagasaki, K.(永崎一則) 2004. *How to Use Correct Honorifics* [Tadasii Keigo -no Tsukaikata]. Tokyo: PHP Research Center.

Roland, A. 1988. *In Search of Self in India and Japan*. Princeton University Press.

Sabath, A. M. 1999. *International Business Etiquette: Asia & The Pacific Rim*. Franklin Lake, NJ: Career Press.

Sung, K. T. 2007. *Respect and Care for the Elderly: The East Asian Way*. Lanham, MD: The University Press of America.

Sung, K. T., & Kim, H. S. 2003. Elder Respect among Young Adults: Exploration of Behavioral Forms in Korea. *Aging International* 28, 279~294.

Turkington, C., 1999. *The Complete Idiot's Guide to Cultural Etiquette*. Indianapolis: Alpha Books.

찾아보기

성규탁(成圭鐸, kyu-taik Sung) ──────────────

서울대학교 문리과대학 및 대학원 졸업
Univ. of Michigan 사회사업학 석·박사
연세대학교 사회복지학과 교수
Univ. of Southern California 사회사업대학원 석좌교수
한국사회복지학회장, 한국노년학회장
현) 자광재단 효문화연구소 대표
    한국사회복지사협회 원로위원회 공동위원장
    한국사회복지협의회 고문
    Elder-Respect(경로회) 대표

저서

<국내>
『사회복지행정론』
『사회복지조직론』
『산업복지론』
『사회복지사업관리론』
『정책평가』
『새 時代의 孝』(연세대학술상 수상, 아산효행상 수상)
『새 시대의 효 Ⅰ』(문화공보부 추천도서, 아산효행상 수상)
『새 시대의 효 Ⅱ』
『새 시대의 효 Ⅲ』
『현대 한국인의 효』(학술원선정 우수학술도서)
『한국인의 효 Ⅰ』
『한국인의 효 Ⅱ』
『한국인의 효 Ⅲ』
『한국인의 효 Ⅳ』
『한국인의 효 Ⅴ』
『어른을 존중하는 중국, 일본, 한국 사람들: 새 시대의 실천방식』 2011
외 다수

<국외(孝 관련)>
Care and respect for the elderly in Korea: Filial piety in modern times in East Asia.
Respect and care for the elderly: The East Asian way. Lanham.
Respect for the elderly: Implications for human service providers. Lanham.
Advancing social welfare of Korea: Challenges and approaches.

논문

<국내>
한국정신문화연구원논총
한림과학연구원논총
한국노년학
사회복지학회지
등에 다수 발표

<국외>
Journal of Social Service Research
Administration in Social Work
The Gerontologist
Journal of Aging Studies
International Journal of Aging & Human Development
Journal of Gerontological Social Work
등에 다수 발표

e-mail: sung.kyutaik@gmail.com

어떻게 섬길까
동아시아 사람들의 에티켓

초 판 인 쇄 | 2012년 7월 6일
초 판 발 행 | 2012년 7월 6일

지 은 이 | 성규탁
감 수 자 | Albert Sung
펴 낸 이 | 채종준
펴 낸 곳 | 한국학술정보㈜
주　　소 | 경기도 파주시 문발동 파주출판문화정보산업단지 513-5
전　　화 | 031) 908-3181(대표)
팩　　스 | 031) 908-3189
홈 페 이 지 | http://ebook.kstudy.com
E-mail | 출판사업부　publish@kstudy.com
등　　록 | 제일산-115호(2000. 6. 19)

ISBN　　978-89-268-3528-9 13190 (Paper Book)
　　　　978-89-268-3529-6 18190 (e-Book)

여담 Books 는 한국학술정보(주)의 지식실용서 브랜드입니다.